Paulo Valzacchi

A paixão é cega, mas você não!

UNIVERSO DOS LIVROS

Diretor Editorial
Luis Matos

Assistência Editorial
Monalisa Neves
Erika Sá

Edição de Arte e Projeto Gráfico
Daniele Fátima

Preparação dos originais
Fernanda Batista dos Santos

Revisão
Cárita Ferrari Negromonte

Diagramação
Daniele Fátima
Rogério Chagas

Capa
Candida Bitencourt Haesbaert

Dados Internacionais de Catalogação na Publicação (CIP)
(Câmara Brasileira do Livro, SP, Brasil)

V393p Valzacchi, Paulo.

A paixão é cega, mas você não / Paulo Valzacchi. – São Paulo: Universo dos Livros, 2007.
128 p.

ISBN 978-85-99187-46-3

1. Auto-ajuda. 2. Comportamento. 3. Relacionamentos. I. Título.

CDD 158.1

Universo dos Livros Editora Ltda.
Rua Tito, 1.609
CEP 05051-001 • São Paulo/SP
Telefone: (11) 3648-9090 • Fax: (11) 3648-9083
www.universodoslivros.com.br
e-mail: editor@universodoslivros.com.br

Sumário

Nada é de ninguém – aprenda o desapego!

Na época em que eu estava elaborando o meu primeiro curso de transformação, criei alguns passos para liberar as energias negativas, as mágoas e os ressentimentos e, lentamente, comecei a perceber que não somente a minha vida interna estava totalmente desorganizada, como a minha vida externa: tanto a física como a emocional.

Pensei que fosse mais fácil começar de dentro para fora, porém, estava enganado, já que quanto mais coisas físicas eu guardava, mais isso me dava segurança e conforto. Na verdade, apenas estava guardando coisas inúteis, sem grande valor prático.

Entendi então que, na área emocional, isso também acontecia, uma vez que observei um reflexo das minhas atitudes externas no meu funcionamento interno, ou seja, eu guardava muito lixo, dentro e fora do meu corpo.

Tomei então uma decisão: a de entender como funcionavam as Leis Universais. Ao pesquisá-las, verifiquei que uma delas discorre sobre o Princípio da Impermanência, exposto há mais de 800 anos a.C. por Buddha, o qual determina que tudo na vida é impermanente, ou seja, nada dura para sempre. Como este pensamento é válido também para toda a materialidade, percebi, então, que estava apenas guardando objetos sem utilidade, que bloqueava toda a energia do novo e da renovação.

Se tudo é impermanente, podemos confirmar então que nada é de ninguém. Naquela semana, a crença de que era preciso eliminar ciúme, apegos e materialidade em níveis pequenos tornou-se forte dentro de mim.

Cheguei a minha casa e tirei tudo do lugar: CDs, livros, pastas, aparelhos, cadernos, ou seja, uma parafernália inteira e, em seguida, organizei-os em dois grupos, o útil e o não útil.

O passo seguinte foi separar em dois grupos as coisas úteis: o que devia ficar à mão e o que devia estar guardado, mas próximo de mim. Dessa forma, fiz a minha limpeza exterior.

Muita coisa foi embora, livros e mais livros, CDs e mais CDs... Contudo, eu sabia que esses objetos poderiam dar uma contribuição a outras pessoas que os usassem e, por isso, eliminei o meu apego e egoísmo. A primeira vez sempre é um pouco mais dolorosa por conta do apego: você dá as coisas com uma dor no coração, mas depois se acostuma. É como se fosse um entendimento entre a crença e a atitude, leva tempo.

Depois de realizadas essas ações, organizei tudo e a impressão era de que, no geral, o ambiente estava vazio, preparado para as novas energias, para as novas conquistas.

Então, pude começar a fazer isso com o meu interior: fiz uma lista das coisas que a minha consciência me cobrava – como a falta de perdão e de acordo, algumas mágoas e alguns medos –, anotei tudo numa folha de papel e depois dei-me um prazo para poder limpar essas coisas da minha vida.

Com o tempo, fui me tornando mais e mais leve, além de que acontecimentos maravilhosos se tornaram realidade. De fato, fiquei impressionado como algumas simples atitudes puderam me levar tão longe.

No final, extraí algumas lições de profundo impacto, como por exemplo a Lei da Impermanência, que foi uma delas. Tudo por meio de uma pequena reflexão:

Para que manter coisas dentro e fora de nós sem serventia, apenas bloqueando o caminho da entrada de novas oportunidades?

Não havia motivo.

Faça você também a sua faxina física e emocional e entenda que tudo no mundo passa, que tudo se transforma, que não há motivo para guardar coisas que não possuem valor, pois o grande valor, que está em extrair a experiência de cada situação e seguir adiante, não poderá ser tirado por ninguém.

Descobrindo como dar e receber!

Muitas pessoas têm um comportamento interessante em relação à vida e cobram muito de si e principalmente dos outros.

É o caso de Eduardo, um jovem pai de 30 anos, com dificuldades nos seus relacionamentos (tanto como pai, quanto como marido), que não sabia mais o que fazer para lidar com a sua família.

Então, as cobranças começaram a ser direcionadas também para os seus pais, já que ele não conseguia digerir o fato de, quando criança, não ter recebido carinho, apoio ou segurança.

Hoje, inseguro e medroso em relação a tudo, conseqüentemente não sabe ao certo como se relacionar com os seus filhos e a sua esposa.

Em uma das nossas conversas, ficou claro que toda a cobrança havia sido passada para si mesmo. Ele queria ser perfeito, mas a pressão era tanta que ele deixava de fazer as coisas mais essenciais e acabava ficando nervoso e agitado, um poço de ansiedade e frustração.

Em meio a uma conversa despretensiosa, surgiu a questão:

De quais momentos da sua infância você mais gostou?

Eduardo lembrou-se do dia em que o seu pai o levou a um campo de futebol para brincar de bola, quando ele tinha seis anos de idade: descreveu-me o cheiro da grama, a tarde maravilhosa e o brilho do sol. Este momento marcou-o profundamente, além de ter sido uma das poucas vezes que manteve um contato real com o seu pai.

Mostrei-lhe, então, como pequenos momentos vividos plenamente têm o poder de marcar a nossa vida. Perguntei, então, o que ele estava fazendo para marcar a vida do seu filho.

Certamente na sua cabeça, por alguns segundos, ele retrocedeu no tempo e observou-se como pai. Pôde assim observar o seu semblante sempre bravo e exigente e, num momento de reflexão, lágrimas começaram a brotar dos seus olhos e o silêncio foi invadido por um breve choro apertado.

Naquele instante, ao transportar-se para o olhar do seu filho e podendo ver o pai que era, Eduardo percebeu como pequenas situações podem realmente fazer uma grande diferença. Esta reflexão o ajudou muito a modificar a sua vida em relação aos seus contatos afetivos.

Tive notícias de que as suas mudanças proporcionaram, no geral, uma aproximação maior entre ele, seus filhos e sua esposa. Claro que no seu dia-a-dia ele ainda continuava tendo os seus problemas, mas hoje era uma pessoa mais doce, que se envolvia mais com as pequenas coisas.

Assim como Eduardo, Márcia, uma colega, tinha também diversas cobranças com o seu pai. Era a menina do papai até completar 15 anos, quando então parou de sentar no seu colo e de brincar... e começou a namorar. A distância foi inevitável.

Hoje, embora já seja uma mulher com seus 40 anos, há ainda uma barreira afetiva neste relacionamento, ou seja, não se abraçam como antes e houve um distanciamento. O que será que aconteceu?

Na verdade, Márcia se distanciou por achar que o pai não gostava mais dela e preferia o seu irmão. No momento em que começou a namorar, foi como se ocorresse uma troca.

Conversando sobre esse aspecto, perguntei-lhe também sobre qual fato, na sua infância, a havia marcado mais em relação ao seu pai. Depois de uma longa descrição, ela começou a perceber a importância de se resgatar aquele vínculo maravilhoso que havia deixado para trás. Sem dúvidas, alguém precisaria dar o primeiro passo e ela então tomou para si a responsabilidade de unir-se novamente.

Tempos depois, aquele rosto de mulher madura parecia mais de uma criança (veja o que um abraço apertado e um "eu te amo" podem fazer por uma pessoa!). Eu estava simplesmente extasiado com a alegria que partia do seu rosto, pois era como se uma porta se abrisse rumo à felicidade.

Como Eduardo e Márcia, muitas pessoas constroem muros em volta das suas emoções mais puras, criam exigências, dão margem ao orgulho e se esquecem da criança – segura, amada e repleta de carinho – que existe no seu interior.

Resgatar esse aspecto da nossa vida e não transferir esses comportamentos negativos aos nossos filhos é uma tarefa gratificante quando vemos os resultados: um abraço apertado, um "eu te amo", deitar a cabeça no colo, dormir com a mãe num tempo de chuva, um presente com amor... São esses gestos maravilhosos que criam uma atmosfera de felicidade na nossa existência.

Pense sobre isso e faça o que o seu coração tem para fazer, deixe fluir o amor e crie a sua felicidade interior.

Afinal, você e as pessoas que mais o amam na vida MERECEM!

Corações curados!

Há quem busque receitas mágicas e milagrosas para curar o coração, talvez um pote de esquecimento ou um frasco de algum anestésico que tenha o poder de eliminar as dores que sentimos.

Embora um pouco de entendimento, renúncia e perdão sejam os chás que devemos tomar durante as noites frias do inverno da tristeza, a verdade é que a cura está nos remédios homeopáticos, pois são eles que, gota a gota, com o tempo, vão agindo e cicatrizando as feridas partidas.

E saiba: o tempo passará, mas se nada fizermos enquanto isso, sem dúvidas sofreremos por mais tempo.

Eu sei que nesses momentos ficamos iguais a um caramujo, encolhidos na nossa concha, com a sensação de que o escuro nos protegerá, ou com a mesma sensação de quando éramos crianças e estávamos com medo do bicho-papão: ficávamos debaixo do fino lençol, como se isso fosse resolver o problema.

Mas o luto vai passar, eu sei e você também sabe. Conheço pessoas para as quais esse tempo de luto demorou alguns meses, outras, alguns anos, mas o fato é que os que ficaram decididamente mergulhados nos seus sofrimentos levaram um bom tempo para se restabelecer e, no final, ganharam rugas, dores e perda de confiança, construindo enormes muros em volta de si como uma muralha de segurança para evitar novas decepções.

Eu quero ver o seu coração curado!

Para tanto, gostaria que, por um só momento, você olhasse para o céu repleto de estrelas. Sei que não temos esse hábito, pois nas grandes cidades as nuvens de poluição enevoam a majestosa paisagem que Deus nos ofertou, mas tente fazer isso numa daquelas noites abertas: olhe cada estrela, comece com uma, dez, cem, mil e verá milhares. Perceberá que algumas brilham com mais e outras com menos intensidade, sendo que esse brilho pode ser comparado aos sonhos de cada pessoa que caminha pela Terra – alguns ofuscados, outros que ainda persistem firmemente diante dos revezes da vida. Gostaria ainda que, neste momento, você olhasse profundamente para o seu interior e compreendesse o quanto de força e energia existe aí dentro, o quanto os seus sonhos podem vir a ser realizados, mas que tudo isso depende da sua atitude em relação à vida: você pode escolher entre ficar debaixo do fino lençol que traz uma proteção de mentira ou erguer-se diante do céu majestoso de possibilidades e seguir adiante espalhando a fé, o amor e a coragem de viver.

Estenda a sua mão e entenda que existe muita coisa maravilhosa na vida para ser vivida. Talvez, os seus olhos não consigam ver a grandeza das coisas tão simples que precisamos desfrutar, mas quem sabe apenas um olhar na imensidão possa lhe dizer isso? Se não conseguir enxergar, aquiete-se por um momento, isso mesmo, por apenas alguns instantes, e sinta soprar aos seus ouvidos a suave voz do Criador, que emana uma mensagem de força e benção.

Levante-se. Este é o seu momento, esta é a sua hora, portanto, não desperdice, porque talvez não haja mais oportunidade de dizer ao mundo que estamos mais vivos e repletos de força para seguir em frente, rumo ao infinito.

Curar corações não é uma tarefa simples, mas o fato de saber que cada um pode bater intensamente já torna a nossa jornada maravilhosa.

Esperando mais um pouco pela pessoa certa

Muitas pessoas estão ainda esperando pela pessoa certa, mas não sabem que, talvez, esta espera possa ser um dos nossos mais determinantes sinais de fracasso.

Eu sei que para muita gente isso pode parecer um desafio ou até um insulto, no entanto, por que, em vez de esperar, você não se prepara para ser a pessoa certa? Bem, isso realmente dá trabalho, já que é muito melhor ficar beijando sapos até que algum se transforme em príncipe. O difícil é que isso nunca acontece.

Somos muitos exigentes e, se porventura passamos por vários relacionamentos, a exigência tende a aumentar mais ainda.

Mas eu lhe pergunto:

– *Será que somos tão perfeitos assim para exigir tanto?*

Uma das minhas pacientes pôs-se a reclamar do seu companheiro, dizendo que ele era impaciente, não era carinhoso e era uma pessoa muito fria.

Parei (com aquele ar de que já havia ouvido isso milhares de vezes...) e perguntei-lhe:

– Se fosse para medir, de um a dez, o quanto você é uma pessoa carinhosa, qual nota você se daria?

Ela me disse que era, mais ou menos, uma nota oito. Pedi, então, que refletisse um pouco mais e, depois de alguns minutos, tive de emprestar uma caixa de lenços para que ela enxugasse as suas lágrimas. Na verdade, ela se deu conta de que não passava de uma nota quatro, que era uma pessoa fechada, impaciente, brigona e, o mais difícil ainda, que ela queria para si alguém com todas essas qualidades. Como conseguir isso se nem ela era assim consigo mesma?

Podemos perceber que a minha paciente era uma pessoa que tinha muita carência afetiva e precisava que alguém a fizesse feliz, mas todos nós sabemos que tapar o buraco da nossa carência com outra pessoa não funcionará. O mais triste de tudo é que é exatamente isso que todo mundo faz.

O essencial é resgatar o amor por nós mesmos, largar aquele orgulho que acaba com as nossas atitudes e, conseqüentemente, enriquecer a nossa vida de auto-estima e de preparação para não cair no erro.

Muitas pessoas me falam que para amar não é preciso preparo, porém, não concordo plenamente porque, quando duas pessoas se encontram, não é só amor que está envolvido... Há algo a mais, chamado relacionamento, para o qual é necessário preparar-se.

Preparar-se para se relacionar: um pouco absurdo, não acha?

Contudo é isso mesmo. É preciso que entendamos a nós mesmos e as nossas emoções, que nos valorizemos, que nos amemos, enfim, que haja um desbloqueio, para que possamos aprender como funcionam as nossas emoções e também o sexo.

Acima de tudo: é importante aprender como funciona um homem e uma mulher, quais as regras e como é o jogo.

Por isso, prepare-se e não fique esperando: tome a iniciativa de aventurar-se, porque a vida espera por você, portanto, sinta-a.

Se você está num canto, desvalorizada, enfraquecida pela mágoa e pela dor do passado, reaja e grite ao mundo que você está viva, ou seja, invista em você.

Para isso, faça a sua energia vibrar, entrando em sintonia perfeita com as pessoas que o valorizam pelo que você é.

E lembre-se: não fique aí, reclamando, chorando, porque você está perdendo algo precioso, um milagre, que é a própria existência.

Então vamos comigo, juntos, direcionar os seus olhos para dentro de você e perceber o que precisa mudar e ser colocado em prática, pois, afinal, há muita coisa boa aí dentro que espera pelo momento certo para despertar: acredite!

Por que os homens odeiam errar, se distanciam e dão pouco valor ao relacionamento?

Na maioria das minhas palestras, consultas e assuntos relacionados à auto-ajuda, o público masculino está em baixa, ou seja, não comparecem. Este fato levou-me a buscar explicações sensatas a respeito, podendo então chegar a conclusões preciosas.

Primeiro, que o homem odeia realmente errar, uma vez que nós, homens, fomos educados a dominar as nossas ações e realizações externas, ou seja, travamos uma batalha pelo controle do mundo externo, mas definitivamente esquecemos o nosso mundo interior. Por exemplo, quando um homem recebe um conselho, imediatamente o seu processo de interpretação diz que o conselho é uma crítica, podendo daí decorrer complicações que geram conflitos.

Perceba isso no seu relacionamento: toda vez que você dá um conselho ou sugere o jeito que você gostaria de fazer, ele simplesmente se sente irritado.

Por isso, perceba que um homem geralmente busca menos conselhos, lê menos livros (o que você pode conferir ao visitar a Bienal do Livro, já que é possível perceber a grande quantidade de mulheres e a pouca assiduidade masculina no evento), posto que, para os homens, é praticamente impossível admitir que estejam fazendo alguma coisa da maneira errada, ou seja: eles sempre se acham certos.

No final, os homens necessitam de elogios e reconhecimento, evidência que, na maioria dos meus artigos sobre a satisfação no relacionamento, é enfatizada e pode ser cultivada por meio do poder da admiração.

Relacionamentos em que os homens são freqüentemente admirados pelas suas realizações e conquistas tendem a durar mais, pois ele percebe a força propulsora nesta atitude.

Perceba um fato interessante: quando o relacionamento não vai tão bem e a mulher, como ser emocional, sente-se fragilizada, o homem então se afasta, já que, para ele, a culpa é dele mesmo, o que o irrita imensamente, porém, ele não consegue controlar situações emocionais.

Nesse momento, parece que o homem dá pouca importância ao relacionamento, o que acontece porque as suas realizações e o seu trabalho vêm, realmente, em primeiro lugar, enquanto a maior prioridade, para a mulher, está baseada nos seus relacionamentos.

Você pode perceber isso no dia-a-dia: se o seu companheiro tem problemas na área profissional ou nas suas conquistas e realizações, então o nível de atenção que ele dá ao relacionamento torna-se mais baixo ainda, gerando mais uma vez conflitos.

Já escrevi vários artigos sobre como entender as mulheres – nos quais dou dicas sobre o tema –, mas agora, na ânsia de buscar uma solução, é a vez de entendermos um pouco mais os mistérios da mente masculina.

Então, vejamos. Para começar, evite usar com eles palavras que os façam sentir irritados, isto é, não o culpe, não o condene, nem o xingue: diga apenas como você se sente. Agora, não peça por socorro e ajuda ou fique esperando que ele solucione os seus problemas, apenas se expresse e, por fim, para ele voltar a sua atenção de maneira equilibrada, convide-o para caminhar, relaxar e fazer ginástica juntos, criando uma atmosfera de tranqüilidade.

Quando começamos a compreender como funciona os inter-relacionamentos, começamos a obter sucesso.

Final feliz no relacionamento?

Todo final de relacionamento é infeliz, ou seja, causa dor, angústia e ressentimento. No entanto, hoje, tentarei focar um término de relacionamento diferente.

Talvez este possa ser o seu caso: duas pessoas que estão juntas, mas infelizmente o relacionamento não vai nada bem e uma das partes está infeliz, talvez você. Isso acontece porque você percebe que o jeito do relacionamento não está bom, por conta de vários motivos, então a sua parte racional diz que é hora de terminar. As causas desse término podem ser a imaturidade do companheiro ou algo que você não deseja para você, o que é muito comum. Alguns clientes falam sobre os seus relacionamentos problemáticos e preferem se separar em vez de manter contato com um companheiro que não preenche os seus ideais, às vezes não trabalham ou não dão a atenção correta, não se envolvem, não planejam, não ouvem, até mesmo brigam: esses são fatos que têm o poder de separar, afinal estão fazendo que o seu companheiro sofra.

E o mais interessante é que isso gera muitos conflitos. Há pessoas que amam e não possuem uma boa relação, porque o seu lado racional sabe que aquela pessoa não é o seu ideal, isto é, o modelo idealizado para completar-se não está presente nesta pessoa. Porém, o que fazer se o lado emocional já fez os seus fortes laços? Ouvir as minhas mais profundas razões, que realmente sabem que não vai dar certo, ou ouvir a minha emoção, o amor e o carinho que existem dentro de mim? Realmente esta é uma das questões de profunda dificuldade, pelas quais muitas pessoas passam e precisam se decidir.

Decisão não é uma coisa tão simples e fácil, pois um passo do lado errado pode ocasionar uma nova rede de situações. Portanto, saber decidir é fundamental.

Determinadas pessoas seguem a razão e separam-se dos companheiros, mas com o tempo são derrotadas pela esmagadora força emocional, que a faz pensar: o coração dói, a mente parece criar a todo instante imagens e flashes de um passado maravilhoso, fazendo que esqueçamos as diferenças e criemos a dinâmica de todos os momentos maravilhosos, mesmo sabendo que não é bem assim.

Um dos meus pacientes relatou que desistiu de um relacionamento, pois a sua companheira era muito infantil e não conseguia dar-lhe segurança para seguirem juntos, resultando longos cinco anos de angústia e dor. Embora ele se lembrasse da parceira em todos os momentos do seu dia-a-dia e não conseguisse se livrar da angústia, ainda assim seguia adiante, pois sabia que aquele relacionamento traria muito mais sofrimento do que este momento que estava passando. Conclusão: depois deste período, ele conseguiu se relacionar com outra pessoa e hoje, mais amadurecido, está vivendo um relacionamento muito melhor.

Outra paciente relatou-me que o seu companheiro não era o ideal, ela sabia disso, e tentou terminar por diversas vezes essa relação. Conseqüentemente, criou-se o efeito iô-iô, ou seja, vai e volta, o que causou mais e mais traumas na relação. Conclusão: ela não conseguiu ficar por muito tempo longe, reataram e viveram de uma maneira infeliz por muitos anos até o rompimento definitivo.

A pergunta que me fará é: e agora, o que eu posso fazer?

Na verdade, sempre sou a favor de tentar um pouco mais, mas, antes de tentar, é necessário dar um tempo para resolver a questão do que realmente quer, porque isso é fundamental. Assim, quando houver o retorno, é preciso estabelecer de uma maneira madura e transparente o que cada um quer, como um contrato. Tudo bem, sei que isso soa estranho, contrato e amor, porém a verdade é que não é apenas contrato e amor – como você pôde ver nos exemplos anteriores, ambos possuem amor, ou seja, o problema não é amar –, é o relacionamento entre os dois, o que exige muita transparência e paciência, às vezes até algumas renúncias e regras. Portanto, se você decidir reatar o seu relacionamento, nada mais justo do que se sentar a dois, depois de um tempo de reflexão, e conversar sobre o que querem, não impondo, mas sim mostrando o que cada um tem de melhor para ofertar.

Quando se consegue colocar no relacionamento essas pequenas regras, tudo flui melhor.

Funciona mais ou menos assim: imagine que você não gosta que o seu parceiro vá jogar bola todos os dias, afinal você fica sem o contato íntimo e você precisa de um momento de atenção. Porém, isso vem ocorrendo constantemente e a perda de companheirismo e atenção acaba por se dissolver, levando todo o relacionamento a entrar em pane. Então, o inevitável acontecerá, mas é claro que isso não é de uma hora para outra, é algo acumulativo.

Se você observar bem, as coisas chegam a um ponto desesperador, tudo por causa do não-estabelecimento de uma regra simples: que tal ponderar e dividir a semana em um dia sim e um dia não e tentar permanecer juntos nos seus dias programados, fazendo os planos de vida a dois? Isso pode funcionar, acredite.

Antes de eu terminar este livro, assisti a um filme que exemplifica muito bem essa situação chamado *Amor em jogo*. Trata-se de uma comédia romântica leve que demonstra as dificuldades no decorrer da relação. Vale a pena assistir.

Finalmente, antes de tomar qualquer decisão, é necessário buscar saídas estratégicas e maduras para que isso não gere mais e mais sofrimento.

No entanto, se você esgotou com as chances de se entenderem, siga os passos da sua razão, pois tanto eu como você sabemos que não será uma batalha simples ou fácil, portanto, arme-se de muita motivação e novos planos.

Aprenda a dizer *não*. Isso é importante no seu relacionamento!

Aprenda a dizer *não*. Na verdade, o *não* tem uma péssima fama. Para muitas pessoas, o *sim* tem uma sonoridade melhor, mas nos relacionamentos dizer *sim* quando o melhor seria dizer *não* geralmente não está correto.

Por isso, é essencial que, nos relacionamentos, cada um estabeleça o que gosta, o que quer, os seus limites, os seus potenciais, para de uma vez por todas parar com aquele achismo, ou seja, "eu acho que ele"... ou "eu acho que ela"... Não ache nada, comunique-se! Conheça o que o outro quer, pois isso sim é relacionar-se, é maturidade.

Quando dizemos *sim* a algo que, no nosso íntimo, gostaríamos de dizer *não*, podemos causar grandes danos à nossa auto-estima, pois estamos cedendo às nossas regras interiores.

Mas muitos *sins* que dizemos têm razões interessantes: às vezes, dizemos *sim* para que as pessoas nos achem boazinhas e assim cultivamos uma ótima imagem; às vezes por temer conseqüências, afastando-nos da responsabilidade; e, em outras ocasiões, para não ferir sentimentos, o que é louvável, mas nada prático, pois onde ficam os nossos sentimentos também?

Tenho notado relacionamentos falidos, profissionais insatisfeitos, pais desiludidos, fatos que ocorrem simplesmente por deixar de falar três letras: *não*.

Para saber dizer *não* com sutileza, é necessário antes de tudo aprender a ouvir o *não*, pois, se isso não acontecer, tudo fica difícil.

Comece então por aceitar alguns *nãos*: aprenda isso relembrando aqueles momentos em que você recebeu alguns e entenda que, se não fosse por eles, a sua vida seria desastrosa.

Algumas vezes somos como adolescentes, que acham que sabem tudo, quando, na verdade, não têm nem noção do que acontece.

Quando estamos nesse estado, o valor do *não* é algo desastroso e é por esta razão que você deverá adquirir sabedoria para uma visão ampla e um caminho mais assertivo.

Saiba que, quando se aceita um *não*, portas se abrem para que você confie na própria vida e a pessoa que diz *não* oferta a você novas oportunidades que, talvez, você desconheça.

Um *não* pode ser comparado a um brócolis: é bom para a saúde, mas, para mim, não é tão saboroso.

Saiba que todo *não* o leva um pouco mais perto do *sim*, apenas confie.

Para dizer *não*, a regra é apenas falar claramente, deixando sempre portas abertas, ou seja, perspectivas positivas para o futuro. Não seja ríspido, mas objetivo. Diga o quanto gostaria de ajudar, mas que no caso deste pedido será impossível, porém, está aberto a auxiliar de outras formas.

Lembre-se: siga mais a sua intuição!

Como terapeuta, às vezes passo por situações adversas. Com uma paciente, percebi o quanto ela renunciava a tudo, ou seja, ela era a pessoa do *sim* para tudo, renunciando a vida toda para ter uma imagem de boazinha e assim controlar as situações. Agora, encontrava-se desesperada, procurando auxílio nas suas decisões. Falei a ela de uma forma ponderada sobre o *não* e foi um desastre: ela simplesmente explodiu com todos, dizia *não* a cada dez minutos. O que poderia ter acontecido?

Por dentro, ela se agrediu anos e anos evitando dizer *não* e criando pressão interna e, quando dei o aval de dizer *não*, ela foi à forra. Porém, esta não era a solução correta.

Renunciar é importante, mas nem sempre dizer *não* é uma forma de manter-se íntegro, já que ceder é necessário em muitas ocasiões. Isso se chama sabedoria – não dá para explicar, apenas na prática do dia-a-dia. É um equilíbrio que deve ser feito por você.

Portanto, mãos à obra, mas não se esqueça: sempre de uma forma ponderada e com sutileza. E deixe de lado desculpas como "Eu não posso", porque essas desculpas só piorarão a sua estima. Afinal, de tanto dizer "não posso", você pode acreditar que realmente não pode, aí as coisas vão se complicar.

Simplifique!

As dores da trilha das emoções imaturas

Muitas pessoas dizem que são guiadas pelas suas emoções, que são o norte das suas vidas, mas depoimentos como os citados a seguir, entre muitos que recebo diariamente, nos dão conta de que emoções imaturas não podem produzir efeitos salutares ou uma direção assertiva na vida. Unir uma emoção saudável a uma mente pacificada é o propósito básico para uma melhor qualidade de vida.

Veja os dois depoimentos a seguir e perceba o que eles dizem a respeito das emoções precipitadas:

"Notei, ultimamente, que a maioria das maluquices, bobeiras, sofrimentos em que me meti foi por ***pura emoção****. Eu achava que as emoções eram o meu norte!"*

"Se a gente dá um tempo, esfria e observa com calma, tudo fica bem... aqueles sentimentos, principalmente os negativos, não nos pertencem!"

É possível observar que a maioria das pessoas é tomada pelas emoções e não consegue discernir mais o certo do errado, ficando mergulhada num lamaçal de negatividade e desesperança.

No próximo depoimento, você percebe as últimas conseqüências do desequilíbrio emocional:

"Eu não admitia a perda. Para mim, ele era tudo. Passei anos em depressão, triste, fechada... eu simplesmente não aceitava e perdi uma grande e importante parte de minha vida. Naquela época, meu pai morreu. Depois de muitos anos é que eu percebi como me afastei de tudo e de todos. Hoje não consigo me perdoar... tudo por um capricho, uma emoção de aventura com alguém que nem me amava, só estava em busca de sexo..."

Realmente, cada situação exposta é de tristeza e decepção, mas na onda das emoções imaturas caímos sem controle, deixamos de ser um pouco mais racionais para ouvir aquela música persuasiva do canto das sereias, que nos faz naufragar nos mares do sofrimento.

Não se engane: a paixão é cega!

Muito diferente do amor, a paixão acaba muito mais rápido do que imaginamos. Se formos pensar sob dois aspectos importantes, veremos que, em primeiro lugar, a paixão é química, pois emoções são processos químicos que ocorrem no nosso cérebro e repercutem os seus efeitos sobre todo o nosso corpo; sendo assim, toda epopéia química, num momento qualquer, diminui a sua atividade. Por meio dessa concepção fundamentada em pesquisas científicas comprovadas, podemos dizer que a paixão no homem dura de 18 a 24 meses e, na mulher, de 24 a 36 meses. O cérebro do homem é diferente do da mulher.

O segundo aspecto, agora psicológico, em que podemos observar que a paixão acaba depois de o inatingível ser conquistado.

Dúvidas? Observe aquela conquista que você desejou intensamente. Depois de conseguir, o que aconteceu? Bem, se for por amor, realmente vai seguir adiante; se for apenas paixão, o fogo consome tudo e apenas sobram as cinzas.

Há muito tempo, li a respeito de uma experiência feita com cães: enjaularam um cão faminto e, em vez de uma porta, fizeram um buraco por onde o animal poderia sair tranqüilamente. Bem longe da jaula, no extremo oposto ao buraco feito, colocaram um pedaço de carne. O cão olhou, viu a carne, olhou para trás, viu a abertura e saiu: é claro que comeu a carne. Mas o experimento foi além: colocaram a carne bem mais próxima à jaula, também no sentido oposto ao buraco; o cão olhou a carne a poucos centímetros da jaula e ficou hipnotizado com a possibilidade de comer a carne, porém ficou lá até morrer. O que será que aconteceu? O cão criou um campo tenso: estava desejando a carne numa intensidade tão grande que todas as outras possibilidades se dissolveram, ou seja, a fome e a carne criaram uma atração única.

Quando desejamos intensamente alguém e esta pessoa está próxima, mas inatingível, criamos esse campo tenso que é um sentimento sem proporções, tamanha a sua intensidade. Mas, mesmo assim, é frágil e se for quebrado, ou seja, se a fome for saciada, acaba-se a paixão.

Por isso, você pode estar vivendo um momento em que você quer muito: o desejo pelo inatingível é enorme, mas a fome pode ser saciada assim que acabar essa tensão. Já no amor as coisas são muito diferentes, pois, embora sempre se inicie com uma paixão, ele produz crescimento e também lhe oferece liberdade suficiente para olhar e ver novas saídas.

Neste momento, perceba o porquê do seu sofrimento... Será que existe uma tensão fenomenal na sua vida? Existem sintomas: será que você só pensa nessa situação, como uma obsessão, e portanto mal se alimenta? A sua mente está naquele desejo e você volta ao passado, começa a remoer, imaginar, isto é, está imobilizado pelo sentimento do desejo e não existe outra opção, não existe mais nada na sua vida, somente isso? É como uma fome que você precisa ganhar, conquistar, saciar: você precisa resolver tudo isso, mas por outro lado, como você conseguirá resolver a sua fome se está criando toda essa disfunção na sua mente?

Agora que você sabe como funciona, precisa simplesmente se afastar e olhar ao seu redor, ver novas saídas, ver novas oportunidades para crescer, caso contrário, é bem certo que morra! Isso mesmo, uma parte de você morrerá. Quantas e quantas pessoas estão mortas, quantos zumbis caminham pelo mundo, com uma fome sem precedentes, uma paixão voraz. Estão enjaulados, não enxergam a saída, tudo o que os interessa é matar a fome, mais nada.

A fome é saudável, importante, rica, mas deixar que ela se sobreponha ao racional só nos trará mais e mais problemas. A paixão é um poderoso dínamo de mudança de atitudes, mas não pode ser confundida como um objetivo final. Pense nisso! Veja ao seu redor novas saídas para obter o seu triunfo. Toda paixão é início de uma grande conquista, mas não pode ser confundida com a própria conquista!

Crise emocional: o que fazer?

As crises emocionais, atualmente, estão intimamente ligadas aos relacionamentos. Pode ser no trabalho, na família, em vários setores da nossa vida, mas fundamentalmente estão ligados ao setor afetivo.

O que move a indústria farmacêutica nos Estados Unidos são os medicamentos para depressão. Para ter uma noção, é bem possível que a margem de vendas possa superar os setores de *fast food* ou refrigerantes. No Brasil, tenho notado um aumento assombroso no uso de medicamentos antidepressivos. Se pararmos e observarmos a situação atual, diremos certamente que tudo isso é realmente assustador e, como conclusão, podemos dizer que o homem e a mulher não conseguem se relacionar.

Tenho falado muito sobre as dificuldades de relacionamento nos meus artigos anteriores, sempre tentando passar dicas que possam levar o leitor a uma ponderação maior e a um equilíbrio na tomada de decisões. Mas sempre para a grande pergunta: "O que fazer diante de uma crise emocional?"

É certo que, diante deste desafio, estaremos despreparados, enfraquecidos e sem nenhum tipo de fortalecimento, pois geralmente amadurecemos diante do sofrimento; quase nunca, antes. Mas mesmo assim podemos nos preparar para não sucumbir em momentos de dificuldades: isso é estar preparado.

Uma das mais importantes armas para se fortalecer é o entendimento, pois, por meio dele, podemos suavizar os nossos conflitos. Por isso, a leitura de temas que envolvem esses problemas nos dará condições de ser mais racionais frente a eles. Portanto, guarneça-se de uma boa leitura, já que isso se torna imprescindível, assim como obter opiniões, fortalecer crenças mais verdadeiras e coerentes, buscar eliminar os obstáculos postos por você mesmo ou condutas já ultrapassadas.

Quando tive a minha primeira crise emocional, que foi duramente impactante, obviamente perdi o rumo. Hoje sei que estava completamente despreparado para a vida. Na verdade, vivia num mundo de ilusões, era imaturo e sem qualquer conexão com a realidade. Na época, o que realmente foi fundamental para que pudesse escapar da dor foram as meditações que realizava semanalmente: elas me propiciaram paz e calma interior e assim pude fazer escolhas mais ponderadas. Depois de alguns meses, percebi que precisava realmente me fortalecer. Continuava fora do centro e os mais diversos questionamentos que eu jamais havia feito vieram à minha mente, tais como: "o que estou fazendo aqui?" ou "o que quero da minha vida?".

Essas perguntas ecoaram por um bom tempo dentro de mim. Foi então que descobri exercícios fundamentais como a mentalização, a visualização, entre outros, e me propus a crescer e sair da atmosfera de dor que me rodeava, investindo em mim mesmo, comprando CDs de auto-ajuda, livros de autoconhecimento, fazendo cursos de auto-estima e motivação. Fui aos poucos ganhando confiança e paz interior, resgatando o equilíbrio. Mas nada foi simples ou fácil, pois era como se eu tivesse de sair das profundezas do inferno para a luz, o que, aos poucos, foi ocorrendo. Minha fé se ampliou, mas não somente a fé no divino, mas na vida e em mim mesmo, uma tríade indispensável. Venci a barreira dos pensamentos negativos, a dor da solidão mesmo estando com muitas pessoas, a ansiedade e os tormentos da mentalização negativa com voltas ao passado, e consegui viver o presente de uma maneira mais satisfatória.

Por tudo isso, hoje sei como você pode sair dessa crise emocional, porque, afinal, todos nós podemos! Hoje, agradeço por ter ocorrido essa fase de sombras na minha existência, já que por meio dela pude extrair uma sabedoria que tenho o dever de compartilhar. Se hoje você passa por situação parecida, tenha muita calma: existe sempre uma saída para tudo. O que precisa fazer, neste instante, é investir em você: um livro, um CD, um artigo ou uma direção. Há dezenas de ferramentas que lhe proporcionarão o amadurecimento e também muitas outras que vão lhe ensinar a se relacionar melhor.

Por isso não se desespere: sempre tem alguém disposto a estender a mão. Mas não se esqueça de que a primeira pessoa a tomar a atitude de querer vencer os obstáculos é você. Visite o nosso site, converse conosco (www.valzacchi.com.br).

Podemos ofertar-lhe muita paz, muita tranqüilidade para que você tome as decisões certas, no momento certo, da maneira certa.

O que fazer diante da crise emocional? Fortaleça-se. Se você não está em crise, assim mesmo fortaleça-se; se você acha que isso jamais acontecerá com você, fortaleça-se. Saiba que a auto-estima, o amor próprio, a motivação, o perdão e a felicidade são metas que necessitam de estratégia para o fortalecimento diário. Jamais se esqueça disso: fortaleça-se!!!

Após uma perda emocional, é necessário fechar o ciclo...

Quando estamos magoados por causa de uma perda emocional, passamos por um processo muito doloroso. Geralmente nos afastamos de tudo e de todos, inclusive de nós mesmos, e ficamos imersos no luto, nos fechamos, paramos e não seguimos adiante.

Sei que colocar aquele brilho novamente no nosso ser não é algo tão fácil de fazer, mas é importante saber que, para isso acontecer, devemos começar, aos poucos, a aceitar os fatos que ocorreram. A aceitação somente começa a existir quando nos tornamos mais flexíveis e permitimos que morra dentro de nós esta resistência, que está gerando toda essa mágoa.

Essa mágoa, então, começa a pesar e acaba por nos paralisar, ou seja, depois disso, seguir adiante torna-se um fardo. É bem provável que você tente começar alguns projetos, mas o desânimo se instalará, pois você está preso ainda a um passado de dificuldades que promove em você a baixa auto-estima, a falta de força e de confiança.

E tudo isso está bem aí, na sua mente. Os pensamentos vão chegando, um a um, pensamentos angustiantes e torturantes que chegam a qualquer hora do dia. Se permanecermos assim durante muito tempo, é certo que teremos problemas maiores ainda.

Mas, então, o que é preciso fazer? Existem muitas receitas, mas elas são muito abrangentes, ou seja, o que serve para um pode não servir para outro. Existem receitas que se dizem milagrosas, porém, sabemos que isso não existe. O que você precisa entender antes de mais nada é: você está passando por um ciclo. Ele teve um começo, que por sinal foi maravilhoso; teve um meio, que aos poucos foi se tornando conturbado, decepcionante; e um final que realmente foi doloroso. Quando você entende isso, significa que está na hora de fechar esse ciclo para poder seguir adiante. Caso isso não ocorra, você será sitiado pelo medo, insegurança e desmotivação.

Mas como fechar um ciclo? Na verdade, para fechar um ciclo é necessário ter em mãos um período de reflexão e interiorização. Alguns podem até chamar período de luto, mas um luto consciente. É como no final do ano: você faz um balanço de como foi o seu ano, as coisas boas que aconteceram, as suas conquistas, as suas realizações, o seu aprendizado, as coisas desastrosas, enfim, faz um balanço de tudo que aconteceu. Este balanço tem de ser feito, porque você deve verificar os acertos e erros, perceber o que ainda lhe deixa magoada, perceber o que a paralisa e o que lhe dá desconforto. Você precisa ouvir as suas emoções, o que está se passando dentro de você e investir em coisas que lhe dêem respostas.

É fundamental o clareamento da mente, pois assim você conseguirá entender melhor o que ocorreu na sua vida, não permitindo recaídas diante de situações similares. Ser consciente é não cair no mesmo buraco duas vezes, apesar de que, no reino animal, somente o homem cai duas vezes no mesmo buraco, na mesma armadilha; o resto dos animais, simplesmente, aprendem.

Mas vamos fazer um esforço.

Por isso, realizar este balanço fará que você comece a encaixar as peças do quebra-cabeça, sabendo então como fechar o ciclo. Entender é o primeiro passo, pois é do entendimento que vem a flexibilidade e depois a aceitação, permitindo, assim, que as coisas comecem a fluir daí em diante.

Há pessoas que dizem que nada como um novo amor para apagar o anterior. Às vezes, posso até concordar, mas se você não estiver amadurecida para um recomeço os erros serão repetidos e mais sofrimento surgirá. Por isso, neste exato momento, pare e pegue duas folhas de sulfite: em uma delas escreva todas as coisas boas que você aprendeu com essa pessoa neste tempo de relacionamento, pois, dessa forma, você verá que a outra pessoa compartilhou coisas importantes com você; e na outra folha coloque as coisas que você aprendeu diante desse momento de dificuldade. Feito isso, olhe para ambas e veja o quanto você amadureceu e quais são os pontos que você julga como erros. Analise e pergunte-se o porquê de determinadas atitudes que você tomou. Será que valeu a pena? Pergunte-se sobre as atitudes que você deixou de tomar e, com muita calma, analise e comece por digerir cada detalhe. Guarde todas essas informações e perceba, neste exato momento, que você tem nas suas mãos um mapa de acertos e erros, isto é, de aprendizado. Ele será muito útil.

Se as perguntas ainda pairam na sua mente, invista na busca por respostas até o momento em que você estiver preparado para fechar o ciclo e dar uma chance para ser feliz. Pense que você tem toda a chance de despertar a felicidade em si mesmo! Então, mãos à obra.

Decepção: a expectativa do lado de fora

Decepcionar-se é não se conformar quando as coisas do lado de fora não acontecem segundo a nossa vontade. Talvez você esteja decepcionada com muita gente, certamente porque colocou muita expectativa nessas pessoas ou ainda não aceita as coisas quando saem diferentes do seu planejamento. Tanto num quanto noutro caso está presente uma prática muito comum realizada por todos nós: o tal do achismo. Isso mesmo! Temos o costume de não expressar o que sentimos e o que queremos e exigimos que o outro adivinhe os nossos desejos e cumpra as nossas solicitações. A partir disso, vem a frase famosa: "eu achava que..."

Esse comportamento tem prejudicado muito os relacionamentos. Hábitos como esses somente tendem a levar sofrimento ao relacionamento e, aos poucos, ir distanciando as pessoas. Em minhas palestras sobre afetividade, sempre descrevo um acontecimento corriqueiro:

Rose era uma jovem que, sentada diante de mim, com lágrimas nos olhos, me contava a sua mais recente decepção em relação ao seu namorado. Observe bem! Bem cedinho, Rose acordou e foi direto para o sofá da sala assistir à TV, esperando por algo, já que, afinal, era dia 12 de junho, dia dos namorados, data na qual todos nós aguardamos ansiosos por um mimo, uma flor ou um telefonema do nosso companheiro.

Já eram 7h30min da manhã e nada de chegar o tão sonhado buquê de flores... ela tinha certeza de que o príncipe encantado iria, cedinho, lembrar-se desta data especial, mas, cá para nós, neste horário nenhuma floricultura estaria aberta. Às 9h, ela abandonou a idéia das flores e colocou o seu foco de expectativa em uma bela cesta de café-da-manhã maravilhosa! Às 11hs ela percebeu que tomar café a essa hora seria algo difícil de acontecer; pensou, então, em um almoço a dois, que seria simplesmente a atitude mais romântica num dia especial como este! Mas já eram duas horas da tarde e nada havia ocorrido. Em casa, e já um pouco decepcionada, lembrou-se da cesta de café-da-tarde que também não aconteceu; lá pelas 17h, lembrou que o seu namorado era realmente especial e se aprontou para o possível jantar à luz de velas: seria uma noite especial.

O príncipe encantado, então, chega atrasado, já quase nove horas da noite, cansado, irritado pelo dia corrido e estressante. Apenas lhe dá um beijo suave. Ela então pergunta se ele sabe que dia é hoje e ele, simplesmente, diz que é quinta-feira. Ela insiste na pergunta se não é um dia especial, mas ele, perdido e desconcertado, esqueceu-se que aquele dia era o dia dos namorados. Em um segundo, Rose levanta a voz e começa a gritar uma mistura de choro e raiva, jogando, então, tudo para fora: fala de acontecimentos de anos atrás, acaba dizendo o que não deve, mas libera tudo o que estava preso dentro dela, toda a decepção e mágoa.

Naquele exato momento, acabou o seu relacionamento. Rose, agora no meu consultório, chorava pela perda e pelo desastre que se seguia nos seus novos relacionamentos e me perguntava o que estava acontecendo com ela. Então, contei-lhe uma história diferente.

Rose acordou cedinho e sabia que era um dia especial. Olhou-se fixadamente no espelho e disse a si mesma que iria aproveitar esse dia de uma maneira completa: tomou um banho demorado e gostoso, sentou-se, tomou um ótimo café-da-manhã, ligou para o seu namorado para falar sobre esse dia especial e que gostaria de almoçar com ele. No almoço, sorrisos e felicidade se entrelaçaram: o rapaz trouxe-lhe uma surpresa agradável, um cartão especial, e juntos combinaram de ir a um lugar especial para passarem a noite. Na tarde que se seguiu, Rose saiu e comprou um presente que, certamente, o deixaria alegre. À noite encontraram-se e passaram ótimos momentos juntos.

Você observou a diferença das histórias: na primeira, muita expectativa, pois ela esperou em todos os momentos que os seus desejos se concretizassem sem ninguém ao menos saber quais eram. Saiba que adivinhação é para cigano ou algo do gênero. Por mais que queiramos que as pessoas adivinhem o que desejamos, isso não acontecerá.

Na segunda cena, Rose fez algo precioso: tomou a iniciativa! Ela definitivamente colocou em prática aquilo que queria e o outro correspondeu positivamente, fazendo-a se sentir feliz.

Ao ouvir essa história, a minha cliente entendeu perfeitamente o que estava acontecendo: as suas exigências, em relação aos seus parceiros, eram muito grandes e ela culpava o outro sempre que se decepcionava, já que, para ela, o outro sempre a estava enganando, mas a realidade é que ela sempre estava enganada a respeito do outro.

Sempre digo que, quando queremos uma coisa, precisamos ter atitude. Sei que você vai dizer que a iniciativa sempre parte de você, mas preste atenção: procure realizar aquilo que você quer da melhor maneira possível sem se perturbar com o que a outra pessoa fez ou deixou de fazer. Se isso não for possível, use a estratégia de tentar entrosar-se a ponto de estabelecer entre os dois uma forte comunicação, para que ambos saibam as coisas que vocês realmente gostam.

Comece a fazer como a segunda Rose e perceba como será diferente a sua vida emocional, pois, afinal, já é tempo de amadurecer!

Seu relacionamento pode não estar indo bem por causa disso...

Percebemos, hoje, algumas falhas no relacionamento afetivo que podem ser causadas, talvez, pela rotina, a mesmice no sexo, filhos, falta de diálogo, entre outras coisas. Mas o que mais me tem chamado atenção são dois fatores primordiais para manter os laços emocionais atados: para a mulher é a compreensão e para o homem é a admiração.

Todos nós sabemos que a mulher fala mais do que o homem, fato este comprovado cientificamente por pesquisas que confirmam que a zona cerebral onde se elabora a fala ou a verbalização, na mulher, tem uma atividade maior, o que já não ocorre no homem, que deixa de ser tão comunicador para ser mais reflexivo e lógico.

Essas diferenças já são o bastante para criar-se a zona de conflito, pois, afinal, como o homem é mais lógico que emotivo, ele pode até escutar a mulher, porém, em seguida, sacará do bolso a calculadora para, definitivamente, montar a lógica da solução. Do ponto de vista feminino, o que o homem desconhece é que a verdadeira lógica do relacionamento homem e mulher não é ofertar soluções, mas simplesmente compartilhar as emoções e os problemas vivenciados pela mulher, para serem validados.

É difícil? No primeiro instante não, mas o homem tem uma dificuldade muito grande em apenas ouvir sem equacionar decisões. Cabe a ele conquistar um amadurecimento essencial para que essas situações não criem discórdia e, conseqüentemente, o distanciamento.

Já no caso do homem é diferente. Por ser mais introspectivo, parece sempre querer estar na sua caverna e necessita apenas de um detalhe: ser admirado. Se a admiração é percebida por ele, pode ter certeza de que as coisas funcionarão muito bem. Se você chamá-lo de "deus grego" ou algo do gênero, pode ficar tranqüila que está tudo acertado. O homem necessita dessa admiração, uma vez que, para ele, é fundamental, é como se fosse uma chama contínua de motivação.

Mas tudo isso parece ter raízes nos antepassados, por isso, daremos juntos uma volta no tempo. Imagine o homem e a mulher na idade da pedra. Muito bem, o homem tem como função básica ser um caçador para alimentar a família. A mulher deve ficar na caverna e cuidar dos filhos, preparar o alimento e outras coisas. O homem, quando vai à caça, prepara-se para isso e, no momento do abate, ele necessita de silêncio, da mesma forma na pesca, em que o silêncio é fundamental para não afugentar a presa. Observando esses detalhes, você pode perceber que o homem pouco tem contato com outras pessoas, pois, afinal, a arte de caçar exige essa conduta silenciosa. Conseqüentemente, o seu nível de comunicação é menor, isto é, a troca de sensações é menor.

Já a mulher mantém estreito contato com os filhos, a prole, e nessa comunicação percebe necessidades, além de utilizar muito a verbalização e, por conseguinte, relacionar-se muito afetivamente. Você pode perceber que uma criança do sexo feminino fala ou verbaliza muito mais rápido que uma criança do sexo masculino, pois tem os seus centros verbais mais desenvolvidos.

Agora, imagine que, num dia desses, o homem convide a mulher para caçar! Seria algo inusitado! Em plena pesca, por exemplo, a mulher gritaria para o homem mudar de lugar ou mudar a isca ou mesmo que já está na hora de ir embora; ou na caça, a mulher falaria para o homem qual coelho ele deveria flechar, qual cervo seria a melhor refeição! Realmente, não daria certo.

Portanto, fica implícito que existem diferenças alarmantes entre os comportamentos masculino e feminino. Fica a pergunta: "O que fazer, então, para encurtar tantas diferenças?".

Pode parecer complicado, mas não é. A mulher somente precisa de uma atenção especial, uma interação e uma confirmação dos seus sentimentos, ou seja, precisa de uma boa dose de atenção. Por isso, na hora em que ela estiver falando com você, pare o que está fazendo – não leia, não fique vidrado na TV – e apenas preste muita atenção. Esta é uma dica que vai fortalecer a sua relação e você pode ir além: desenvolva uma continuidade de diálogo, ouvindo e dando a sua opinião, e somente exponha soluções quando lhe forem solicitadas. Saiba que, no fundo, a mulher já sabe o que fazer antes mesmo de refletirmos sobre a solução.

Já para manter uma relação mais estável, a mulher necessita admirar o seu parceiro, buscar aquelas virtudes nas quais sempre se encantou. Sei que, com o tempo, vai realmente acontecendo – em ambos os sexos – a procura dos defeitos, mas tente parar com esta atitude e admirar a sua escolha, aquilo de bom que ele tem para oferecer, aqueles atributos pelos quais se apaixonou, sem dizer a ele o que ou como fazer. Por incrível que isso possa parecer, essa mudança de atitude pode aumentar acentuadamente a participação do homem no relacionamento afetivo. Portanto, admire-o, somente isso.

Mas se você me disser que isso não é possível, obviamente temos um problema nas mãos que precisamos, a todo custo, encarar para buscar as respostas. Lembre-se: do mesmo modo que você precisa de alguém que a fortaleça, o outro também precisa.

Diagnosticando o seu relacionamento afetivo!

Trabalho há 25 anos na área de diagnósticos médico-laboratoriais e há um bom tempo venho desenvolvendo cursos e palestras sobre saúde emocional. Percebi que a maioria das pessoas guarda preocupação a respeito dos rumos do seu relacionamento, preocupação esta que é essencial para seguir adiante e, de maneira sensata, tentar a todo custo melhorá-lo.

No nosso *site*, providenciamos um teste de qualidade excepcional no qual, além de diagnosticar a quantas anda o seu relacionamento, lhe ofertará ferramentas para melhorar aquilo que não está indo tão bem na relação. Enquanto estava preparando este teste de diagnóstico, comecei a perceber os tipos de união. Utilizando estudos de psicólogos de renome, pude verificar que existem tipos de casamentos e relacionamentos que se parecem, em formato, a algumas letras do alfabeto, formando uma simbologia que exemplifica o que ocorre nas relações humanas. A seguir, descrevo os principais: veja em qual deles você se encaixa. Observe o tipo de letra e como é a sua configuração.

—— Relacionamento A

Unem-se por um laço (veja o traço que une as barras laterais da letra A): esta união pode ser uma situação, ou mesmo um filho, e tende a seguir adiante. Se bem amadurecida, existirá sucesso.

—— Relacionamento H

Unem-se pelos mesmos laços da situação anterior, mas não conseguem se manter juntos, portanto, ocorrerá inevitavelmente a separação.

—— Relacionamento I

Este tipo é o que chamamos de casamento integrado: as pessoas se unem com os mesmos objetivos, ideais, atrações e companheirismo, ou seja, um relacionamento completo.

—— Relacionamento O

Este relacionamento gira em círculos e nunca chega a lugar nenhum. Geralmente, termina em separação, pois não existe comunhão de objetivos.

—— Relacionamento S

É do tipo que vagueia à procura da felicidade, pois inicia-se de um lado e acaba bem acima de outro lado, deixando os parceiros desapontados.

—— Relacionamento V

Esse tipo de relacionamento começa com uma forte união, a paixão, porém, a partir do casamento, as pessoas começam a ter pontos de vista diferentes e tendem a se afastar, concluindo então que não houve amadurecimento nesta relação.

—— Relacionamento X

Começam por procurar a comunhão, tendo, então, um momento pleno e feliz: é o centro do X. Mas depois se separam, caminham em direções opostas e jamais tornam a unir-se.

Relacionamentos Y

Começam bem, mas as dificuldades ganham força e, no final, cada um encontra o seu próprio caminho.

Você, olhando para esses exemplos, pode avaliar hoje como anda o seu relacionamento. Geralmente, ele pode ser salvo com o uso de coragem e iniciativa, mas jamais por meio de cobrança ou de uma atitude de querer mudar sozinho a situação. O que pode estar dificultando a relação pode ser a rotina, a falta de diálogo, a comunicação falha, o sexo repetitivo e sem novidades, a falta de carinho e de romantismo, detalhes estes que, talvez, podem estar em falta no seu relacionamento.

Sabemos que uma relação com imagem na letra I é difícil, essencialmente pelas nossas diferenças comportamentais. No entanto, quando se instala a compreensão, a admiração, o respeito e o amor, tudo é possível para alcançar o que queremos.

Voltar ou não voltar? A grande dúvida

Por que será que ficamos tão amarrados ao último relacionamento? Por que será que não conseguimos seguir adiante? De repente vem aquela questão: voltar ou não voltar? A mente diz algo racional, certo, quase intuitivo, mas o coração nos dita outro caminho por meio das emoções. O que está acontecendo comigo? Saudades, pura e simplesmente saudades!

Eu, você ou qualquer outra pessoa nos apaixonamos, vivemos dias de glória por assim dizer. Afinal, a paixão mobiliza o ser, deixa-nos sensíveis, as cores ressaltam, o azul fica mais azul, as nuvens têm um motivo de existir, o sorriso doce, o som, a música, o violino, a harpa, tudo tem um sentido e todo o seu ser está vibrando.

Temos, então, a tendência de lembrar dos maravilhosos momentos, aqueles que nos invadem de ternura, amor e tranqüilidade.

A recuperação desses momentos maravilhosos, diante da situação do agora, do vazio, da solidão, é um contraste impressionante. Neste exato momento, como você se sente? Triste, desanimado, com um vazio por dentro, a sua auto-estima em baixa, além de que a solidão invade o seu ser, a melancolia parece querer ganhar vida, e você está sem alguém para compartilhar, conversar, viver. Nesse momento de desespero, para o alívio da nossa dor, somente a imagem de cenas doces e glamorosas lembranças nos aliviará. Mas, junto a essas cenas, a saudade nos invade.

Saudade é como um reviver interno de situações que já se passaram e nos deixaram em estado de felicidade plena. As emoções, então, vêm à tona e ficamos mais e mais confusos. Nesse momento, você se sente só e as lembranças brilham mais e mais a ponto de querer tocá-las e revivê-las. Obviamente, você deixará para trás o racional – aquele que diz o quanto você sofreu, o quanto se sentiu humilhado, o quão desprezado você foi, as brigas, as dores, os *nãos*, as renúncias, as mais diversas atitudes dolorosas – e tentará, sem pensar, de todas as maneiras recuperar os seus sonhos.

Mas que sonhos são esses? Qual o preço de resgatar cada momento desses? É nesse instante em que estamos fragilizados, precisando desesperadamente da motivação, da alegria, da paixão, do colorido da vida, que cedemos. Agora estamos rumo ao mesmo caminho, o andar em círculos: os problemas reaparecerão, as dores estarão presentes novamente, pois tudo isso é o preço!

Então, o que fazer? Sucumbir ou lutar? Apaixonar-se, eis a solução. Nesses instantes conflitantes dessa noite escura e longa, deixamos de lado o poder de nos amar, de buscar o melhor para nós. Bloqueamo-nos e nos sabotamos, queremos ficar mergulhados no silêncio e na solidão! Sem dúvida, isso não é saudável. Não permitimos o novo, por causa do medo, da insegurança de nos machucarmos novamente e nos tornamos exigentes, mais e mais. No final, estamos rodeados de angústias e sofrimentos.

Pare um segundo! Respire fundo! Perceba que você merece uma nova chance, mas observe bem: uma nova, não a mesma chance. Coloque a roupa mais bonita, aquela que você gosta, chame um amigo ou uma amiga para sair, busque um local agradável, faça contato com as pessoas, permita-se ser admirado, levante essa auto-estima, comece a investir em você novamente, leia mais, solte-se, faça coisas novas, dance, revele-se a si mesmo.

Quando tudo isso começar a acontecer e você viver realmente, estará apaixonada pela vida, e isso ninguém poderá tirar de você! Agora, sim, você estará pronto(a) para dar um espaço a alguém para compartilhar essa paixão, pois relacionamento é um exercício de compartilhar dores e alegrias. Erga a cabeça e mostre que a melhor lembrança que você pode guardar na sua mente é a lembrança que a satisfaz como uma pessoa verdadeiramente especial. Não troque isso por nada, faça novas escolhas, faça novos caminhos, faça da sua vida uma lembrança real.

Ressentimentos!

O ressentimento é criado pela mágoa do passado e a ansiedade tem origem na expectativa do futuro. Analisaremos alguns tópicos importantes sobre o ressentimento e revelaremos as suas implicações, lançando mão de ferramentas que possam dissolvê-lo.

A maioria dos ressentimentos tem início com a criação das mágoas, que têm origem em alguma decepção amorosa. Isso gera, na criatura humana, também a depressão, pois o indivíduo não consegue aceitar as perdas nem mesmo entender os revezes da vida. Estamos em tempos em que é muito comum as pessoas desistirem dos seus relacionamentos e, em geral, aqueles que são traídos ou que foram abandonados (embora este não seja o termo correto) acabam caindo em desequilíbrio e depressão. Todo esse processo cria diversas fixações mentais e emocionais. Analisaremos, então, qual a origem de todo esse sofrimento e o ponto-chave da criação dos ressentimentos.

Quando estamos nos relacionando, criamos o que chamamos processo de sedução, ou seja, mostramos uma face especial do nosso ser: somos atenciosos, cativantes, românticos, ou seja, especiais. Estes traços característicos produzem o encantamento que funciona extremamente bem na união, sendo também um aspecto bilateral, ou seja, tanto o homem quanto a mulher executam consciente e inconscientemente esses atributos para a conquista. Passado algum tempo, esses rituais de sedução vão sendo eliminados, pois, afinal, cada um já obteve o seu objetivo, que era a união. Nesse período, o homem e a mulher dizem frases inesquecíveis como: "Faz tão pouco tempo que o conheço, mas parece que já te conheço há anos..." ou "Na primeira vez em que te vi, senti que a gente já se conhecia há muitos anos...". Frases místicas e ligadas à alma gêmea são fundamentais nesse processo.

Interessante que cada indivíduo cria a ilusão do mito, ou seja, a mulher endeusa o amado: ele parece ser o príncipe encantado, o deus grego, o gladiador audacioso, o cavaleiro na sua armadura; e o homem vê a mulher como aquela linda donzela, frágil, inocente, pura e bela.

Diante desses atributos gerais, o relacionamento toma diversas direções e, por conta da grande expectativa em relação ao companheiro, exigências são inconscientemente adotadas. Um perfil de ser humano perfeito é instalado e a partir do momento em que esses pré-requisitos não são preenchidos e as exigências e expectativas não são cumpridas, vamos avolumando as nossas decepções que, em determinado momento, explodem como uma bomba-relógio.

Os problemas de relacionamentos concentram-se quando colocamos exigências e expectativas, ou seja, rótulos e pressão em cima do outro e, principalmente, quando depositamos a nossa felicidade em uma pessoa. Por isso pergunto agora: "Em quem você depositou toda a sua felicidade?" Se você respondeu no outro, certamente terá grandes decepções, pois somente nós é que podemos ter consciência integral sobre a nossa felicidade, afinal, relacionamento é apenas uma parte dela.

Outra pergunta: "Quais foram as suas exigências e expectativas em relação ao seu parceiro?"

Obviamente, você responderá que muitas, como aquelas pessoas que acreditam ainda na obrigação de o marido lembrar-se do aniversário de mês do casamento, ou de o namorado lembra-se do sexto mês de namoro ou que a sua cor preferida é amarela, que eu não gosto do travesseiro baixo ou do tubo da pasta de dente amassado: enfim, milhares de pequenas coisas que nem sempre são as que amadurecem um relacionamento.

Depois de tudo isso ocorre a perda que, na verdade, não deve ter esse nome, porque a palavra *perda* é adequada apenas quando perdemos objetos.

Relacionamentos não podem sofrer perdas, afinal, não perdemos nada por aí. Quando usamos esse termo é porque, além de exigentes, somos possessivos. Isso mesmo: o apego pavoroso que destrói os relacionamentos, que gera o ciúme, a perda de liberdade e as mentiras é a possessividade. Queremos, então, começar o jogo de domínio, que, obviamente, termina em rompimento. Portanto, exigências, expectativas ilusórias que são muito diferentes de objetivos conjuntos e concretos, além do apego e da dominação, perfazem o que chamamos imaturidade de relacionamento. E não pensem que isso é somente para os casais jovens; muito pelo contrário, existem ainda casais que estão nesse jogo de dominação, mas ninguém quer dar o braço a torcer, então, criam a insatisfação, a negligência, a desilusão e a infelicidade conjugal.

Quando, então, acabamos o relacionamento, é gerado o desespero, como se não houvesse nenhuma perspectiva de resgatar a felicidade: parece que a vida perde o sentido, as cores desbotam, a visão fica monocromática. Passa a existir um incrível vazio que, dia após dia, nos consome e parece impossível suportar que tudo o de mais belo acabou. Agora, nas nossas mentes, estamos livres para o sofrimento eterno.

Todas essas conseqüências são marcantes a ponto de olharmos para nós mesmos como se a nossa alma tivesse sido arrancada e esquecermos que, até então, cultivamos a felicidade. No final, não percebemos que quem está saindo do relacionamento é a pessoa que estava infeliz, pois vemos a outra pessoa simplesmente partir, inclusive com aquele ar de alívio. E concluímos: *a vida acabou.*

Mas a vida não acabou! Preste muita atenção no que vou lhe dizer: uma nova vida começou, mas você está resistindo em vivê-la.

Comece a aceitar a situação e, dessa maneira, a noite longa se afastará para dar lugar a um novo dia.

A indecisão emocional

Infelicidade, frustração e tristeza: três ingredientes que nos afetam por causa das nossas escolhas. Deparo com muitas pessoas que possuem problemas nos seus relacionamentos e que acreditam que a mudança de parceiros é a solução. Aliás, estamos em uma época em que isso se tornou muito fácil, já que, simplesmente, se pensa: "não suporto mais, então troco". Assim como o canal da televisão: "Encheu o saco? Mais fácil trocar!". As pessoas se tornaram objetos, coisas plásticas.

Geralmente, olhamos no passado e encontramos na figura de alguém especial aquilo que lhe falta: carinho, compreensão, segurança e amor. E o mais interessante é que sempre olhamos para trás e nos identificamos justamente com aquilo que não tivemos.

A mente humana por vezes precisa ser domada. Em geral, adoramos o desafio, o proibido, o oculto, o impossível, pois isso está em nós. Mas quando obtemos aquilo que, no momento, nos parece de grande valor, de suma importância, passa-se o tempo e verificamos o quanto fantasiamos as situações e as escolhas.

Mas, o que fazer? Ceder e experimentar ou manter e se achar infeliz? A resposta a essa pergunta e a muitas outras é simples: "Você está disposta(o) a pagar o preço?". Você me perguntará: "Que preço?".

Tudo na vida tem um preço: as escolhas que fazemos resultam em caminhos diferentes, o melhor a se trilhar, se por aqui ou por ali, tem um pedágio, um preço. Porém, o pedágio para um ou para outro caminho pode ser de valores diferentes, assim como o destino final. Na maior parte das vezes, não conseguimos enxergar nem o pedágio (o preço) nem o destino, já que, afinal, nos falta amadurecer, ampliar a visão. Por isso a viagem é inevitável e quase sempre dolorosa; por aqui ou por ali, temos de escolher.

Para saber o preço, deixe de lado, por um curto espaço de tempo, o seu emocional e veja claramente a situação de hoje, veja os prós e os contras. A isso chamamos *bom senso*: coloque tudo na balança, seja imparcial, ou pelo menos tente.

Finalmente, veja claramente aonde tudo isso o levará. Com certeza a jornada é obrigatória, mas você pode escolher aonde ir, como o ditado: "O sofrimento é inevitável, mas a dor é opcional".

Olhe para dentro de você e perceba o que quer de melhor para si mesmo. Lembre-se de que a nossa felicidade nunca está baseada na infelicidade de outras pessoas, por isso ponderar é fundamental. Às vezes, o caminho para a felicidade não é de atitudes, ganhos, paixões, mas podem ser necessárias algumas renúncias para atingir a verdadeira paz. No fundo, quanto mais amadurecemos, mais conseguimos ver tudo com mais nitidez e, portanto, mais conseguimos entender profundamente o processo da vida. Pode não ser simples, afinal, ainda somos crianças brincando com as nossas escolhas.

Não basta querer decidir: precisamos estar preparados para a decisão.

Mudando os seus sentimentos

Quero que você pense comigo sobre um dos mais profundos problemas que atinge o ser humano na atualidade: o pessimismo psicológico, a dor e as decepções que provocam no homem atual muito sofrimento.

Por que você está sofrendo? Bem, você pode me dar muitas possibilidades do porquê do seu sofrimento, porém, é quase certo que qualquer escolha estará baseada numa expectativa ou numa frustração decorrente de uma expectativa não ter sido concluída. É como diz o vocabulário popular: "Freud explica, mas não resolve". Ele diz que todos sofreremos um caminhão de frustrações. Até aí, perfeito! E que as frustrações ocorrem por causa de situações ou expectativas que não se realizaram. Até aí, também, perfeito! O que Freud não faz é mostrar um caminho para resolver a situação, indo mais além: diz que estamos aqui para sofrer, que felicidade é a sua medida de tolerância em relação às decepções e às dores. Uma idéia um tanto realista, mas nada espiritual, assim como a maioria dos seus livros. Freud explica, mas não resolve. Freud fala em um dos seus livros, mais de 400 vezes, a palavra *doença*, mas nenhuma – veja só – nenhuma vez menciona a palavra *saúde*. Portanto, Freud não ajuda.

Então, vamos seguir ainda um caminho racional, mas que nos traga mais possibilidades de atingir a mudança deste processo de sofrimento. O sofrimento tem como base a decepção e a resistência em entender, ou seja, não aceitar faz que prolonguemos o sofrimento. Contudo, se aceitarmos, as coisas podem mudar, pois a aceitação é, pelo menos, a metade da salvação: a outra é a vontade de mudar. É como a fé: não adianta ter na garagem uma Ferrari sem combustível; afinal, sem gasolina ela não servirá de nada, pois você não poderá tirá-la da garagem. Observe, então: a gasolina é a vontade.

Mas perceba que se a decepção nos faz sofrer, nos decepcionamos por quê?

Geralmente, porque as coisas não saem do nosso jeito, não aconteceram do jeito que imaginávamos. Ou seja, o problema é que imaginávamos de um jeito e as coisas saíram de outro. A sua imaginação, o seu querer, estava baseada num conceito, ou regra, que você colocou na sua vida e que, no entanto, não foi satisfeita, não foi cumprida, isto é, ela se quebrou.

O que podemos observar aqui é que tudo que esteja contra os nossos conceitos nos causará sofrimento em proporções diferentes, conforme a nossa crença. Por exemplo, você pode prestar ajuda a alguém e, no final, não receber ao menos um "obrigado" dessa pessoa: você vai se magoar, pensando consigo mesmo "Eu fiz de tudo e nem ao menos essa pessoa agradeceu". No seu íntimo, existe uma crença que diz: quando você auxiliar alguém, em troca, pelo menos, você receberá um agradecimento; se isso não ocorrer, você se sentirá decepcionado com essa pessoa. Esse é um exemplo simples no qual você pode ampliá-lo e colocar para muitas e muitas outras coisas.

Agora veja: as nossas crenças são a nossa integridade – elas não mudam, nós as cristalizamos. Daí percebemos que o mundo muda, mas, caso elas continuem fixas, sofreremos. Elas são como amortecedores, criadas para nos fazer mais seguros e tranqüilos, porém, por outro lado, podem causar sofrimento. O que fazer?

Tentar, vagarosamente, descobrir qual o conceito que foi infringido por alguém que lhe causou tal sofrimento.

Depois, veja, será que esse conceito não pode ser mudado? Será que não está na hora de amadurecermos essa crença? Cada crença que interiorizamos é como se fosse um juiz: ele pode inocentar ou incriminar. Portanto, cuidado com as suas crenças, cuidado com aquilo em que você acredita. Temos um trabalho em CD, chamado *Força para vencer*, que tenta, a todo custo, mostrar a falha das nossas crenças atuais e, de maneira mais madura, colocar outras crenças mais perto da realidade na qual vivemos. Esse trabalho auxilia a transformação que deve ocorrer lentamente, mas é um processo necessário para mudar a nossa percepção do mundo.

Outro exemplo é falar sobre segurança. Queremos estar no controle de tudo, de todas as situações e, quando isso não ocorre, sentimos medo. Portanto, o novo pode causar medo, mas a grande realidade é que segurança não existe, uma vez que a própria vida nos mostra que a única coisa de que temos certeza na vida é a morte: o restante segue uma lei universal chamada Lei da Impermanência. Querendo ou não, ela está presente nas nossas vidas, e, conseqüentemente, mudar conceitos para entendê-la diminuirá o seu sofrimento futuro. Perceba isso.

Realize dentro de você uma observação a respeito das suas crenças e veja que muitas delas estão ainda muito imaturas, aprendidas muito e muito tempo atrás. Um aprendizado que vem dos pais, da religião, da sociedade e dos professores, assim como os provérbios populares, por exemplo: "quem madruga, Deus ajuda". Se isso fosse verdade, bóia-fria seria milionário, porém, não é o que acontece. Dando uma nova interpretação, poderíamos dizer que, na verdade, quem madruga, ou seja, começa cedo por entender-se, realmente, Deus dará aquela força necessária: por isso, agora é com você.

Dê uma chance a si mesmo

Sei que você deve estar sofrendo nesse momento: talvez uma perda emocional, talvez aflita por uma decisão que já tomou ou tenha de tomar... Mas, preste bem atenção, esse sofrimento somente passará quando você der uma chance a si mesmo. Na maioria das vezes, quando as coisas não dão certo, ou seja, quando não saem exatamente como queríamos, o que mais ocorre é a decepção, tristeza, perda da força de viver, angústia e depressão. Ao não se dar uma chance, você possibilita que toda esta mescla de sentimentos se instale. Você pode ser perguntar: mas, qual chance? A de se permitir viver realmente, viver novas oportunidades, novos mistérios, novas conquistas, novas expectativas, num termo amplo: simplesmente viver!

Mas o que fazemos? Nós mesmos nos sabotamos, dizemos que está tudo mal, que o mundo está negro, que a nossa vida não vale a pena ser vivida, que a angústia é enorme, o abismo é vasto, que não temos chance de sair desta etapa, que Deus não nos ama, que sofro porque sou desse jeito, dominador, insensível e, neste exato momento, você começa a levantar hipóteses infundadas da sua personalidade, levando-se mais uma vez à baixa auto-estima e à dor.

Pare! Respire fundo, suspire profundamente para que, de uma vez por todas, saia este péssimo astral. Veja comigo algo simples e racional. Somos mais ou menos seis bilhões de pessoas no mundo e estamos crescendo. Você é uma pessoa que, para muitas outras, é especial. Existem, nesta vastidão de seres, pessoas com as quais você vai se relacionar, não importa se profissional ou emocionalmente, mas pessoas entrarão e sairão da sua vida, pois, afinal, a própria vida é assim. Se neste momento você está se depreciando, está perdendo a chance de viver novas oportunidades, enquanto você fica neste estado de lamentação, o mundo continua girando... Não vai parar para você pegar os cacos, portanto, você precisa mais que se importar com você: começar a fazer coisas boas a si mesmo, não ofertar lixo a si mesmo. Será que você merece sofrimento ou será que merece felicidade? A escolha que está fazendo agora é péssima, pois você está negando e resistindo a determinadas situações: se você entender isso, conseguirá seguir o seu caminho, caso contrário, literalmente empaca. Será que não chegou a hora de entender e seguir adiante, dando uma chance para si mesmo(a)? Procure dar valor ao que sente, mas entenda o porquê de você estar se sentindo assim.

Num dos meus atendimentos, uma jovem havia se separado de um namoro que perdurara por três anos. Estava arrasada, assim como eu ou você ficaríamos, mas já havia muitos meses que ela estava desse jeito. Um período de luto é normal, porém, prolongar-se já é grave. Eu perguntei o que ela sentia e ela respondeu que sentia muita falta do outro. Mas falta do quê? Ela pensou, pensou, pensou e, cabisbaixa, não respondeu. Então, eu disse: "falta das brigas, dos desentendimentos, das discussões ou falta de ser admirada, notada, de ser uma pessoa especial?".

Naquele instante, ela percebeu que não era admirada, nem era notada como uma pessoa especial, uma vez que o namorado mal a compreendia e não a tratava com respeito e ternura. Então, fiz nova pergunta: "O que você quer para si mesma: felicidade ou sofrimento?". Ela afirmou que queria felicidade, mas, pensando bem, este sonhado encontro com a felicidade estava muito longe de acontecer, já que ela não queria dar uma chance a si mesma: estava cada vez mais se fechando, se sabotando, desprezando novas oportunidades, se enclausurando e morrendo lentamente.

Eu estava quase sem ferramentas para ressuscitá-la dos mortos, quando algo interessante ocorreu: uma das suas irmãs mais chegadas faleceu repentinamente de infarto. Isso lhe proporcionou uma dor insuportável, porém, por outro lado, fez que ela refletisse muito sobre a oportunidade de novamente viver e o tempo que ela havia perdido na sua vida. Desta forma, uma das mudanças mais radicais ocorreu, como diz o ditado popular: "uma mudança da água para o vinho". Talvez o fato de ter percebido de uma maneira mais drástica que a vida é impermanente e que devemos viver o presente de uma maneira mais consciente e positiva tenha causado um poderoso impacto na sua vida. Não sei ao certo o quanto ela sofreu, mas sei que todo aquele acontecimento fez que ela despertasse. Finalmente, ela usou todas as ferramentas que eu tinha lhe oferecido, todas. Depois de um período, ela estava mais fortalecida, viva e muito, mas muito mais madura.

Será que precisamos de lições tão duras para acordar e realmente viver?

Não, não precisamos, o que necessitamos é apenas nos dar uma chance de crescer e viver de acordo com o que queremos. Por isso, se você está aí, sem perspectivas, acorde, levante, planeje, crie, viva, pois esta fase certamente tem um significado. Você não saberá ao certo qual, mas, depois de entendê-lo, faça de tudo para seguir adiante. Dê uma chance a si mesmo.

Relacionamentos difíceis – o que fazer?

A maioria dos relacionamentos é difícil, contudo a arte de se relacionar está baseada no entendimento mútuo, na compreensão das atitudes e principalmente no lapidar essencial da comunicação. Mas, no final, a coisa não é fácil mesmo. O relacionamento nos amadurece, eis a verdade.

O homem e a mulher são seres extremamente diferentes. Começando pelo lado fisiológico, existem as diferenças hormonais, as quais, pode ter certeza, são grandes. Já o lado genético também deve ser levado em conta, porque o cérebro é um ponto em destaque: homens pensam de um jeito e mulheres de outro, ou seja, as emoções são diferentes, conseqüentemente. A distância é tão gritante que as diferenças de um homem para um macaco é de 3%, enquanto a diferença de uma mulher para um homem chega a 6%.

Mas, se focarmos nas diferenças cerebrais, já entenderemos de antemão porque esses seres são tão diferentes. A mulher adora falar, pois uma das partes do cérebro que comanda a fala tem uma atividade acentuada, o que não ocorre no homem, por isso ele é tão calado.

Você pode comprovar isso com uma simples observação: uma criança pequena que começa a emitir os primeiros sons claros. Quem fala primeiro, o homem ou a mulher? Simples, não?! Alguns cientistas chegam a dizer que isso é evolucional. Eu até concordo que, na Idade da Pedra, a mulher ficava em casa e tinha de cuidar da prole enquanto o homem saía para caçar e buscar o alimento. Imagine se a mulher fosse junto para caçar? Certamente, ele não pegaria nem um coelho, nem um peixe, pois a arte de caçar exige silêncio. Até hoje sabemos, embora as mulheres sejam exímias pescadoras: mas, em toda pescaria, elas estão longe!

Já o silêncio do homem é algo mais prejudicial, pois, nos relacionamentos, a comunicação é fundamental e parece que o homem ainda não aprendeu isso. Além da atividade verbal, temos outras zonas do cérebro que funcionam diferentes: a mulher é um ser emocional, o homem é um ser lógico; a mulher quer ser escutada, o homem já quer resolver problemas; até no sexo as coisas se complicam, pois a mulher quer o toque, a carícia – elas precisam ser amadas desse jeito – enquanto o homem já é visual, ou seja, ele se esquece das preliminares e vai em frente – um ser visual que só vê os adornos e sempre está afoito.

Podemos ir além: o homem é do tipo que, de épocas em épocas, se isola, fica quieto e é fácil para a mulher imaginar o pior. Mas ele é assim mesmo, nem adianta você perguntar: "Você está bem? Aconteceu alguma coisa?", porque o ele jamais responderá a isso; você precisa confiar, pois o homem sabe resolver as coisas por si, pelo menos ele tentará ao seu modo, sempre!

O grande segredo para fortalecer um homem é definitivamente não querer mudá-lo. Porém, a mulher se sente especial quando lembrada, quando entendida, compreendida e ouvida. Isso pode parecer difícil, mas não é: a mulher quer carinho, respeito e devoção, um mimo, um "eu te amo", um presente inesperado e muita atenção – o que pode fazer milagres.

Lendo este livro, você pode até dizer: "puxa, quantas diferenças! E como as coisas vão funcionar assim?". Os ingredientes especiais podem parecer muitos, mas o amor é a amálgama essencial dessa união: é carinho, atenção, devoção, confiança, admiração, aceitação e encorajamento. Quando realmente amamos o outro, estamos dispostos a fazer de tudo para que sempre possamos nos entender, mesmo diante de tantas diferenças.

Busque entender essas diferenças, elas mostrarão estratégias de como lidar um com o outro e, como conseqüência, você enriquecerá a sua vida. O fundamento especial da união é justamente os dois fazerem um ao outro se sentirem especiais, mesmo diante dos defeitos.

Sempre digo: "se você fez uma escolha, dê o máximo de si para melhorar a situação, pois este é o primeiro passo para uma vida feliz". Porém, atualmente, parece que as pessoas desistem muito fácil daquilo que escolheram ou optaram: buscam facilidades e depois caem na armadilha do sofrimento.

Vá com calma, pondere sempre. Eu sei, eu sei. Você vai me dizer que sempre é você que faz tudo. Bem, além de você estar fazendo a sua parte, tenha certeza de uma coisa: você está crescendo mais e mais. Se o outro não quer participar desse crescimento, tudo bem! Uma hora esta criatura de Deus acordará.

Um diálogo sobre o amor

Recebi uma cliente muito deprimida, com desânimo à flor da pele, por assim dizer. No começo da terapia, já percebi a dificuldade nítida e forte de se expressar. Aos poucos, com muito esforço e muita paciência, fomos remontando a sua história que, na verdade, poderia ser a história de muitas pessoas.

Atualmente separada (já há dois anos), com o passar deste período de sombras não se desligava dos acontecimentos e a dor, o vazio e a tristeza tomavam conta da sua alma.

Percebi que não somente a sua mente estava agitada e em desequilíbrio, mas o seu corpo agora sentia as mensagens da dor emocional: tinha dores de cabeça freqüentes, intestino preso, dores nas costas, insônia e agitação diárias, inclusive com taquicardia, um dos sintomas da ansiedade. O espírito também reclamava: toda a fé se escoava e certamente, para ela, Deus estava distante. Ela mesma dizia que Deus a abandonara.

Começamos por trabalhar a auto-estima, com calma, enfocando a importância do corpo, regularizando a alimentação, o sono e a digestão, incluindo exercícios de respiração.

Junto a isto fizemos uma faxina mental, tentando, a todo custo, libertar o lixo que ela mesma colocou para dentro de casa, dentro da sua mente. Estreitamos os laços de fé e ligação com o Criador em busca de forças para seguir adiante. Numa das nossas conversas, pudemos mudar conceitos e validar novos sentimentos e valores.

Perguntei sobre o que sentia a respeito do ex-marido, e ela disse que ainda o amava. Continuei perguntando se este sentimento ainda perdurava mesmo depois de tudo o que ele havia feito para ela e que ela colocasse em reflexão as outras situações anteriores: mesmo assim, ela disse que o amava.

Parecia um ponto incontestável. Perguntei, então, o que queria fazer; e ela disse que, além de amor, sentia muita raiva dele, que queria que ele aprendesse uma dura lição. Foi então que concluí que amor e raiva são coisas que não se encaixavam. Ela disse que queria que ele fosse do jeito dela e, então, percebi que amor e egoísmo também não se encaixavam. Perguntei se ela tinha respeito por si e a resposta foi sim, mas afirmou que, mesmo depois de tudo o que ele fizera a ela, tentaria mais uma vez e talvez mais outra. Percebi que amor e auto-respeito deveriam andar juntos, mas isso não ocorria. No final, expliquei que o amor deve começar por nós mesmos, que devemos aceitar aquilo que faz bem a nós mesmos: devemos aceitar a felicidade, coisas que nos elevam. A pergunta final foi se ela poderia dar tudo isso a si mesma e a resposta foi que sim. Fiz a mesma colocação, mas agora em relação ao ex-marido: "Será que ele poderia dar tudo isso a você?". Ela parou, refletiu, uma lágrima escorreu dos seus olhos e, suavemente, uma palavra em tom baixo saiu da sua boca: "Não!". Um simples *não*: justo, certo e verdadeiro. Ele não poderia dar isso a ela, pois, na verdade, se ela mesma não conseguia dar nada a si mesma, como ele poderia dar algo assim?

Você pode me perguntar: "e como você soube que ela não conseguia e nunca conseguiu dar nada a si mesma?". Pelo simples fato de sempre ter colocado no outro a responsabilidade de fazê-la feliz; de sempre ter olhado para o outro, nunca para si; de sempre ter colocado muitas e muitas pessoas em primeiro lugar e por último a ela mesma; por ter perdido o auto-respeito, o respeito às coisas que amava, por sempre renunciar à própria vida, aos seus desejos em prol dos outros, sempre criando a imagem de forte ou certinha, tentando, por assim dizer, dominar a situação.

Estávamos em uma situação delicada. Aquele simples "não" acabara de remetê-la a um mundo novo – talvez frio, mas real –, onde ela precisaria renascer, mudar e começar a viver. Ela tinha entendido que estava distante de si mesma, que sempre se abandonara e que o outro não poderia fazê-la feliz: ela precisaria fazer este esforço por si só, ela com ela mesma. Percebeu que não era amor o que sentia, mas uma armadilha da decepção e da frustração, ou seja, embora o passado pudesse assustá-la por toda a vida, naquele momento o mais fácil seria tentar apagá-lo e recomeçar.

É claro que, quando estamos nos relacionando, não entregamos a função de nos fazer felizes à outra pessoa, mas, juntos, dividimos essa cumplicidade de uma maneira ponderada. Muitas pessoas dizem: "quem vai me fazer feliz serei somente eu", mas, cá para nós, sabemos que isso não é uma verdade maior. O relacionamento é um processo de simbiose. Quando renunciamos a certas coisas é para doar felicidade, mas quando renunciamos sempre, obviamente, estamos atraindo a infelicidade para todo o relacionamento.

Após algumas semanas, aquela jovem estava com outro semblante. Não que a mudança tenha sido radical, mas ela começara a entender que o palco das ilusões somente atrairia mais e mais dor. Porém, ainda fazia parte dos meus planos fazê-la entender sobre a necessidade do perdão. Não do esquecimento, pois, afinal, isso é impossível, mas perdoar é entender e seguir adiante, enquanto simplesmente esquecer é como fazer uma lobotomia, o que não seria possível. No entanto, perdoar, como dizem, é lembrar-se do ocorrido, mas dar um outro significado a ele, é claro, por meio da compreensão.

Para realizar o perdão, não demorou tanto como eu imaginava, pois, agora, fortalecida em auto-estima, compreensão e amor, começou a se relacionar com outra pessoa. A alegria e as novas sensações invadiram o seu ser e deram lugar à expansão do amor. Logo, o entendimento de que o relacionamento anterior era passado se concretizou, pois percebeu que esse novo relacionamento estava repleto de novas possibilidades, coisas concretas e um novo renascer. Muitas outras vezes pudemos falar sobre amor, perdão, motivação e vida. Ela definitivamente cresceu e eu estava lá como testemunha.

Num dia desses, numa dessas incursões a um shopping, pude ver aquela jovem com o seu parceiro, feliz e sorridente, carregando no colo uma bela criança, com um sorriso saudável, símbolo de um renascimento constante nas nossas vidas: símbolo de que tudo muda, tudo se encaixa quando temos o poder de encarar as situações de uma maneira madura, pois assim é a vida humana.

Por isso, quando você estiver naquela situação de desespero, a coisa mais importante a ponderar é sobre o seu auto-amor, o seu auto-respeito, a sua união com o Divino. É preciso conversar, ser ouvida e assim rumar para novas experiências, fortalecida e cheia de vida.

Por que meus relacionamentos são sempre complicados?

Em um dos meus cursos sobre perda emocional, uma das minhas alunas perguntou por que os seus relacionamentos sempre eram complicados, difíceis e geralmente terminavam de maneira conturbada.

Ela descreveu toda a anatomia do problema que se repete constantemente. Com o tempo, pude perceber que isso não acontecia somente com ela, mas sim com muito mais pessoas do que eu mesmo poderia imaginar.

Aprofundei-me nesse tema e percebi definitivamente a origem desse problema: quando tudo parecia repetir, os mesmos problemas e as mesmas indecisões, consegui verificar que quem está realizando esse mesmo padrão é ninguém menos que nós mesmos.

Geralmente nos afastamos dessa conclusão e preferimos nos vitimizar, pois assim parece mais simples. Deixamos de perceber que esses relacionamentos parecem testes e que estamos fadados a repeti-los, já que não mudamos de padrão, ou seja, é sempre a mesma coisa, a mesma atitude.

Você pode estar sempre exigindo, mandando, sendo carente, infantil, insegura, ciumenta, negativa, e isso sempre se repete, mas você ainda não percebeu.

Obviamente, o que está promovendo essa complicação toda é justamente a falta de maturidade em determinado aspecto no relacionamento, uma forma mais adulta de encarar a situação, porque, às vezes, com medo de mais uma vez ocorrer a separação, acabamos por nos acomodar emocionalmente e até a aceitar determinadas situações, não conseguindo evitar o inevitável.

O ideal é tentar descobrir o que não está funcionando na relação e saber como mudar esse aspecto.

A minha aluna disse que a maioria dos seus relacionamentos já começava complicada, alguns eram casados, outros tinham problemas com a família e em outros casos a pessoa era infiel, imatura e muito infantil. Essas tendências tornaram-se interessantes, já que, na maioria dos casos, ela mesma procurou esses relacionamentos não como uma forma de afetividade, mas sim preocupada em resolver os problemas do outro e daí se comprometendo emocionalmente. É o que chamo Síndrome da Mãezona, ou seja, a pessoa quer auxiliar, ajudar, dar de si e, no fim, acaba confundindo as coisas. Porém, existem outras possibilidades, existem pessoas que buscam parceiros que são exatamente como ela mesma, o que pode parecer estranho, mas não é. Inúmeros pacientes dos quais recebo os seus relatos demonstram que a sintonia é muito grande entre eles, geralmente de ordem comportamental, ou seja, nestes casos, os opostos não se atraem, mas sim as pessoas que têm a mesma sintonia, por isso muitos relacionamentos acabam sendo desastrosos se você, primeiro, não cuidar bem de si, não estiver com os seus projetos pessoais delimitados, sem harmonia e sem contato com as suas escolhas.

Responda a estas perguntas rápidas:

Pense bem, como começou o seu relacionamento?
Resposta possível: mal.
Este pode ser o principio do desamor que depois se instalou.

Começou de outra maneira, como?
Resposta possível: complicado.
Este também pode ser outro jeito das coisas não funcionarem.

Começou quando você estava na pior?
Resposta possível: sim.
Bem, esse é o meio infalível das coisas não funcionarem.

Não existem padrões concretos, mas quando as repetições ocorrem, tenha certeza: algo que você vem fazendo não está certo.

Pode ser o começo, pode ser o meio do relacionamento, quando você se torna exigente, dominadora ou ciumenta.

Tudo está exclusivamente dependendo de como estão funcionando esses padrões e pode ter certeza de que gerarão muito sofrimento, até o momento em que você perceber que deve mudar os seus conceitos, as suas atitudes, aprender a se amar e depois seguir adiante.

Uma das minhas pacientes tinha um comportamento repetitivo, e sempre estava fadada a se decepcionar nos seus relacionamentos, já que primeiro ela idealizava o homem perfeito e depois fazia de tudo para mudar o parceiro.

Conclusão: relacionamento catastrófico.

Uma outra paciente sempre tinha parceiros imaturos, sempre estavam distantes e isolados, com problemas emocionais, gerando conflitos. No fundo, inconscientemente, ela adorava isso, pois assim ela podia fazer o papel de mãe dominadora.

Conclusão: relacionamento catastrófico.

Mais uma paciente, agora com aparentes relacionamentos satisfatórios, porém, no meio da trajetória, tudo simplesmente acabava mal.

Problema: ciúme.

São inúmeros os casos de relacionamentos desastrosos e repetitivos, mas tudo isso tem uma origem, que está na atitude que se repete.

Você quer sair desse caminho de rato? Que tal mudar definitivamente? Observe bem, tente a todo custo entender o que aconteceu, qual o fator para trabalhar, pois, afinal, ferramentas sempre existem, mas depende da nossa vontade de poder consertar as coisas.

Tocando na ferida mortal – para transmutar!

No nosso curso de dois dias, cujo tema era auto-estima e motivação, um dos nossos objetivos era tocar no que chamamos "ferida mortal": o ponto por detrás de uma couraça forte de proteção. Chegar até ela cuidadosamente não é tarefa fácil, contudo, após diversas dinâmicas, algumas delas extremamente reflexivas e de caráter emocional, é inevitável que nos soltemos e desarmemos.

Homens com aquela pose de empresários sérios ganham um novo colorido e transformam-se em crianças, ao exporem todos os seus sentimentos represados pelo senso absurdo de acreditar que fazendo isso, isto é, escondendo, não sentimos dor e seguimos em frente. Mulheres, aparentemente duras, rígidas no aspecto emocional, com aquela afeição de distância, em poucas horas desatam os nós e tornam-se aquilo que realmente são. Mexer na ferida mortal é dar acesso a uma cura maior.

Num desses cursos, uma das cenas mais impressionantes que pudemos testemunhar foi a de um jovem com 35 anos que já não mais mantinha contato com seu pai e o culpava por muitos e muitos motivos. Nesse dia de finalização de curso, trouxemos um parente de cada cursando e o pai deste foi chamado. Havia um momento especial no qual cada aluno ia ao palco para dizer sobre o quanto o curso o havia auxiliado a retirar dos seus olhos as dificuldades que o impediam de crescer e de ser melhor. Num tom suave, quando a expectativa parecia tomar conta de todo o ambiente e sentia-se a vibração harmônica na sala, o rapaz levantou-se, olhou nos olhos do pai que estava sentado na platéia e disse: "Perdoe-me, pai, eu te amo de todo o meu coração.".

Emocionado, o pai levantou-se e seguiu em direção ao filho que lhe tomou nos braços com um forte abraço. Todos nós ficamos extasiados pela vastidão de ternura e amor que se difundiu no ambiente, como se luzes focassem um aspecto da vida sobre o qual todos nós devêssemos refletir: o perdão.

Na verdade, nunca soubemos os motivos que geraram o afastamento de ambos, mas certamente pudemos presenciar os laços fraternais novamente se atarem. Sabíamos que aquele era o momento, a oportunidade.

Nesses cursos, sempre acontecem situações surpreendentes, pois as pessoas deixam a máscara da vingança, dor, mágoa e justiça de fora e apenas começam a ser elas mesmas. São alguns dias de resgate daquilo que realmente somos. Tocar na ferida mortal de uma maneira cautelosa é um jeito especial de entender o que está acontecendo conosco.

Sabendo que muitas pessoas não têm acesso a esses cursos, gostaria de deixar aqui uma ferramenta que poderá auxiliá-la, e muito, a se desvencilhar das couraças que a impedem de ser feliz:

Pegue um papel sulfite, escreva nele quais as pessoas que a magoaram e o porquê dessa mágoa. Escreva também quais os seus medos e inseguranças. Escreva aquilo que não gosta e o que mais gosta em você. Deixe fluir todas as palavras, tudo aquilo que quer expressar. Depois escreva para aquela pessoa que a magoou muito, ou que você a tenha magoado, colocando todas as suas dores, sentimentos... desabafe. Alguém vai ouvir aquilo que você quer, há tanto tempo, desabafar. A psicoterapia está baseada nisso.

Desejamos um bom encontro seu consigo mesmo!

A chave para evitar a precipitação no seu relacionamento

Muitas pessoas chegam a mim para falar das suas aflições: dizem que não possuem paciência para esperar por resultados, que não possuem paciência para tomar uma decisão e que, muitas vezes, se precipitam.

Com o tempo, percebemos que a paciência é um dos ingredientes fundamentais para obter êxito naquilo que se almeja. Grandes projetos e objetivos da vida necessitam paciência, já pequenas coisas não precisam tanto. As decisões de peso precisam sempre ser ponderadas, mas as pessoas não querem dar tempo ao tempo, ao contrário, querem decisões imediatistas. É neste exato momento que as coisas se perdem.

Conversando com alguns clientes a respeito da paciência e do diálogo, ficou bem claro para todos nós que, além da paciência não ser exercida, outro fator que tem profundo impacto nos relacionamentos, e que é deixado de lado, principalmente naquelas horas de dificuldade e decisão, é justamente o diálogo. Diálogo, por vezes, é trocado por sexo, ou seja, encarar uma realidade é trocada pelo prazer de estar juntos em determinado momento.

Isso tem ocorrido de uma forma muito comum entre os casais que deixam de lado a importância do diálogo, uma conversa franca e direta sobre a união dos objetivos, o desenvolver da vida afetiva, a combinação da intimidade e a procura de um futuro comum.

Em geral, pensamos que a falta de diálogo está mais presente nos jovens, mas não é uma regra, pois o que conta nesses casos é justamente o amadurecimento em relação ao próprio relacionamento. Existem pessoas que conseguem estreitar e firmar laços profundos por meio do planejamento de objetivos comuns, o que habilita ambos ao sucesso de uma vida afetiva.

Sabemos que, tratando-se de relacionamento, o nosso cotidiano é regado por atos falhos. Quem já não passou por momentos em que houve impaciência e perda de diálogo?

Quem, em determinado momento de um relacionamento, não foi precipitado? Conversando com outras pessoas, percebemos que tudo isso é muito comum.

Por outro lado, existem indivíduos que dão uma grande importância ao que é de fundamental importância na sobrevivência de um relacionamento saudável: o diálogo. Os grandes resultados obtidos por meio do auxílio da terapia é providenciar uma estratégia de inter-relacionamento saudável, em que o foco básico passa a ser o reconhecimento das suas necessidades e das do parceiro. Quando necessidades são reconhecidas, podemos compartilhá-las com o outro e assim chegar a pontos comuns em que realmente o provérbio popular tem significado coerente: "a união faz a força".

Nestes tempos, onde todos nós estamos mudando os padrões, a segurança e a liberdade requerem uma habilidade mútua dos parceiros. O fio estreito entre soltar o companheiro ou mantê-lo cativo pode ser equilibrado por meio de um excelente diálogo, em que se podem observar as prioridades individuais e, assim, trabalhá-las em um plano comum.

No que diz respeito ao amadurecimento do casal, é óbvio que isso somente é conseguido por meio de um longo e sofrido processo, consistente não somente de adaptação, mas também de interação. Diálogo denota uma vinculação afetiva, sendo que atenção e dedicação passam a ser ingredientes de cumplicidade. Mas se a paciência e o diálogo promovem o desenvolvimento de uma relação saudável, outro aspecto importante é realizar o seu processo de autoconhecimento, não somente pelo fato de ele despertar a autoconfiança, mas também pela necessidade de conhecer os nossos próprios valores e dificuldades para, assim, sermos também capazes de aceitar as características do outro.

Então, uma dica de peso para o seu relacionamento é buscar o diálogo e, com muita paciência, conquistar os seus mais profundos objetivos baseados em necessidades de altos valores.

Programando o homem para dizer *sim*

Atualmente, os relacionamentos carecem de estratégias de comunicação: o homem não entende a mulher e vice-versa. Em todos os seminários cujo tema principal é o relacionamento, no final disponho de uma dica preciosa – simples, mas muito funcional.

Percebi, com o tempo, que a mulher tem o poder de conquistar o *sim* dos homens, mas elas nem sequer sabem como isso funciona. A maioria das mulheres pede, implica, exige, grita, esbraveja, perdendo totalmente o apoio do homem e acham que estão ganhando mera ilusão. Para conseguir o que quer, a mulher precisa apenas de uma ferramenta: o silêncio.

Faça o teste: peça algo e faça a pausa do silêncio – não da cobrança –, mas tente não romper o silêncio com frases do tipo "não te peço mais nada", "não te peço muito", "só vai te tomar um tempinho", "por que você não pode fazer isso?". A discussão não o fará entender o que você quer, pois o homem geralmente não entende o que a mulher quer!

O homem, quando obrigado ou solicitado de maneira imprópria, cria resistência, além de que, ao ser solicitado, obviamente reclamará. Sei que este é o estopim para você falar ou explodir, mas apenas tenha calma e dê-lhe um tempo.

A chave é esta: peça a ajuda, permaneça em silêncio e veja o que acontece. Em alguns casos, ele fará alguns comentários-padrão, tais como: "Estou ocupado! Por que você não pode fazer isso?", essas coisas. Caso ele definitivamente não realize o seu pedido, existe um passo dois: aceite a sua rejeição e perceba que o homem não está preparado para isso. Não se irrite, não esbraveje. Pode fazer o teste, tentando até ser mais amorosa. Com o tempo, ele refletirá sobre isso. O segredo é a pausa depois do pedido e o segundo passo é continuar amorosa se ele não aceitar o seu pedido. Você vai se surpreender como funciona a mente masculina.

Inúmeras pessoas escrevem-me dizendo sobre os seus avanços a respeito dessa pequena estratégia. No começo parece difícil, porque, afinal, as mulheres querem tudo para ontem e os homens são proteladores. Em contrapartida, após uma solicitação, o silêncio passa a ser mortal para eles. Se você testar essa estratégia e não der certo, pode me escrever, pois poderemos realizar outras mais adequadas ao comportamento dele.

Por que diante de uma discussão os homens ficam em silêncio?

Essa é uma das perguntas mais comuns entre as mulheres. Os homens realmente ficam calados e, muitas vezes, além de parecerem calados, parecem que são surdos também. Mas por que essa atitude? Será que é proposital?

Pode ficar tranqüila, porque este é o comportamento-padrão do cérebro masculino. Na mulher, as coisas são diferentes: a sua acuidade verbal é tão acentuada que as respostas e os questionamentos brotam quase que instantaneamente, muitas delas até precipitadamente.

O processamento das informações por ambos os sexos são diferentes. Antes de os homens falarem, primeiro ruminam ou pensam sobre o que ouviram internamente e, num silêncio profundo, buscam uma resposta que acreditam ser correta para o momento. Quando encontram as respostas, as formulam mais uma vez dentro de si e aí estão prontos para falar. Mas isso não é rápido, não... Você, mulher, pode ter notado que isso demora de minutos a horas ou dias e, o mais interessante, é que muitas vezes as informações processadas no seu interior não são tão concretas ou suficientes para responder coisa alguma.

Então, quando o homem está em silêncio, você tem de entender que, na verdade, ele está falando que "não sabe o que dizer". Você pode até pensar que ele não diz nada porque não se importa com você, mas no fundo não é isso. A primeira reação da mulher ao silêncio masculino é, realmente, o poder de imaginar mil coisas, mas dê um tempo a ele para poder processar uma resposta. O homem pode se recolher nesse período, por causa de muitas condições, como, por exemplo: pensar em um problema e achar uma resposta prática e/ou se acalmar e tentar assumir o controle de si novamente. O fato é que ele precisa se encontrar.

No caso das mulheres, ocorre o oposto: elas precisam simplesmente falar, se expressar, ser compreendidas. Às vezes, o ideal é não perguntar "qual é o problema?", pois, afinal, ele não vai falar mesmo. Portanto, dê um espaço a ele para que se sinta seguro... Você pode imaginar que o homem é um poço de controle e segurança! Engano! Ele é mais sensível e não sabe trabalhar com as suas próprias emoções. Imagine, então, compreender as suas...

Uma dica primordial: não tente ajudá-lo, não se preocupe ou sinta pena dele e, sobretudo, não tente acalentá-lo; apenas faça alguma coisa que o deixe feliz. Na maioria das vezes, a mulher critica o seu comportamento e é certo que ele se distanciará mais e mais.

Entender a si e ao outro é um processo importante para crescer...

Como escolher: pela emoção ou pela mente?

A causa dos nossos mais profundos conflitos tem base na diferença entre o sentimento e o pensamento.

Aquela sua parte que sente e aquela outra que pensa tornaram-se duas coisas e o conflito está justamente quando você se identifica com uma ou com outra.

Geralmente nos identificamos com a parte que pensa, só que o pensamento não é libertador, porém, o sentimento é mais genuíno, mais natural: quando nascemos ou mesmo na vida intra-uterina, temos a capacidade de sentir enquanto o ato de pensar é algo apreendido.

Observe em você como os pensamentos são mais fortes, bem mais fortes que os sentimentos, a ponto de comandá-lo. Por exemplo, quando você quer chorar, por que não o faz? Porque você foi ensinada, pelos seus pais, a suprimir o choro, pois não será aceita como é. Então, você aprende a bloquear o sentimento e cresce assim, condicionado, além de que o seu comportamento passa a ser moldado por um conjunto de regras, que, ao serem impostas, deixam de ser naturais.

Agora você começa a tornar-se uma pessoa artificial e a mente vai se apossando do seu comportamento, fazendo que a sua verdadeira natureza vá cada vez mais se distanciando, mais e mais. Isto é o que acontece: distanciamo-nos do nosso verdadeiro EU e, neste momento, nos tornamos críticos, calculistas, insensíveis e distantes emocionalmente. Você é um falso ser e está agora contra a sua natureza, situação esta que lhe deixará mais confuso diante da vida. Acaba por não saber o que quer e as suas verdadeiras necessidades são mascaradas. Este é o período em que você come desenfreadamente e ainda sente fome; em que você faz sexo, mas quer fazer mais e mais, já que nunca se satisfaz; em que você ganha dinheiro e quer mais. Nada está do jeito que você quer e não importa o que faça, não estará satisfeito. Você tem necessidade de amor! Não de comida, poder, dinheiro e sexo, que são, neste momento, necessidades falsas. Para resgatar tudo isso, você precisa sentir a vida, resgatar esse lado natural, senão jamais haverá realizações, somente o vazio, ou seja, um abismo entre o seu ser real e o que você é hoje. Concluindo: tudo será insatisfação e sofrimento.

Comece hoje a permitir-se: sinta, siga a sua intuição, a sua natureza e assim preencha-se, esteja completo. Deixe de lado o seu lado certinho, exato, pensante. Saboreie, aprecie, faça parte da vida.

Como fazer a escolha certa nos seus relacionamentos...

Algum tempo atrás, em uma das minhas palestras cujo tema era relacionamento, uma jovem, com mais ou menos 18 anos, perguntou-me como podemos fazer para não cair na armadilha de uma escolha errada tratando-se de relacionamentos. Perguntei a ela o que seria uma escolha errada. Ela levantou-se e disse que seria a escolha, por exemplo, da sua mãe, que se casou com o seu pai, um homem alcoólatra e agressivo (e para piorar a situação a mãe estava ao lado).

Realmente toda a atmosfera do ambiente tornou-se uma questão de dúvidas e incertezas, mas a realidade deveria vir à tona. Disse a ela que, na verdade, isso não acontecera somente com a sua mãe, pois quando uma pessoa está com aquele sentimento de paixão, a visão mais profunda, a intuição e o racional acabam por escurecer as escolhas e geralmente elas se tornam precárias.

Em um encontro de pessoas que iriam se casar, realizamos uma pequena vivência: cada um deveria escrever duas colunas sobre o seu par, uma com dez virtudes e outra com dez defeitos. Foi interessante: a coluna das virtudes foi descrita rapidamente enquanto, na de defeitos, poucas pessoas conseguiram colocar mais de dois ou três defeitos. Conclusão: quando estamos emocionalmente envolvidos, o que vale são somente as coisas positivas e, depois, a decepção. Conhecer o outro em profundidade parece que não é tão fundamental. É como se as pessoas gostassem apenas de andar na areia do mar e jamais mergulhar nas suas profundezas.

Então, resolvi falar de um caso que eu acompanhava, de uma pessoa que se relacionava há mais de 20 anos com um homem (seu esposo) que, infelizmente, era alcoólatra e também agressivo. Em sessão, perguntei desde quando ele era alcoólatra e ela me respondeu que desde que o conhecia, porém, ela havia pensado que, ao se casar, tudo poderia mudar. Em muitos casos, que já pude acompanhar e auxiliar, as pessoas dizem que, sempre no começo, tem uma forte disposição e muitos planos para auxiliar o outro a realizar melhorias, a mudar. Este sentimento é louvável e, em muitos casos, com o auxílio de instituições, pode até vir a ocorrer, mas não é o que sempre acontece.

Então, olhei bem para a jovem e dei algumas dicas imprescindíveis para tornar, pelo menos, as escolhas mais assertivas, aprendendo com as pessoas que estão ao nosso lado. A primeira é que não adianta colocar na cabeça que mudará o outro, uma vez que já é muito difícil mudar a nós mesmos, imagine, então, o outro. A segunda dica é observar como age a pessoa em relação à família, pois, se, por exemplo, o jovem xinga a mãe e briga com os pais constantemente, utilizando vocabulário inadequado, não respeita o seu próximo, tenha certeza de que ele fará o mesmo com você.

Esta última dica tornou-se um ponto excelente de discernimento para muitas pessoas, que me disseram que realmente saíram de verdadeiras catástrofes, tratando-se de relacionamento, ao entender esse passo simples, vendo apenas como ele convive com as pessoas do seu dia-a-dia.

Mas parece que o coração não faz escolhas e, quando isso não acontece, parece que a decepção vai se instalar, e se instala mesmo. Interessante que, geralmente, dizemos que é praga de mãe ou de pai porque eles nos alertam, mas é claro que não é nada disso. É que, normalmente, os nossos pais são mais vividos em determinadas situações e, no final, eles somente querem o nosso bem. Em troca o que fazemos? Fechamos os ouvidos e seguimos adiante, desafiando a própria felicidade que vai se distanciar mais e mais dos nossos planos futuros.

Somos inteiramente responsáveis pelas nossas escolhas. Por isso, o mais importante é saber que, embora o coração tenha o papel fundamental de atrair as pessoas, a razão tem o papel de saber o que é bom para nós e o amor é a união dessas duas coisas – emoção e razão – num equilíbrio perfeito de paz e de harmonia.

A mãe da jovem veio falar comigo e disse-me que também sabia que o marido era alcoólatra e que o amava muito e sempre tentou mudá-lo. Segundo ela, fez um esforço enorme para mudá-lo, mas infelizmente isso não foi possível, pois, na verdade, essa união somente lhe trouxe dor e traumas.

Então, muita calma e boa escolha nos seus relacionamentos. E não se esqueça: quando a balança entre emoção e razão estiver no equilíbrio certo, pode ter certeza de que você estará também no caminho certo! E não escute as pessoas que dizem que coração não escolhe, pois este coração que não escolhe é o mesmo que poderá vir a sofrer.

Relacionamentos difíceis: respeitando as diferenças

Nos dias de hoje, a abordagem principal em relação ao acerto dos relacionamentos é justamente aceitar as diferenças, já que a maioria das pessoas não consegue vencer esta, digamos, batalha. Muitas possuem o que chamamos personalidade forte, o que, na verdade, passa a ser uma fraqueza exposta, símbolo de intolerância, inflexibilidade e egocentrismo.

Mas por que aceitar as diferenças entre as pessoas? O que isso nos trará de bom? Por que não podemos ser todos iguais, pensar de forma igual, seguir os mesmos objetivos, sentir as mesmas coisas? Simplesmente porque não!!

Cada um de nós tem, dentro de si, uma chama criadora, individual, com as suas próprias características e potencialidades a serem descobertas, ou seja, temos capacidades diferentes para aprender, observar e muitas outras características. Muitos supervalorizam determinadas diferenças, principalmente quando em família, por exemplo: alguns possuem dois filhos, um mais agitado – cheio de iniciativa, talvez mais precipitado – e outro mais calmo, tranqüilo – às vezes até preguiçoso. A questão aqui é que padronizar comportamentos seria empobrecer definitivamente a riqueza que o mundo nos oferece, pois, imagine, se ouvíssemos a mesma música, comêssemos as mesmas coisas e assistíssemos aos mesmos filmes? Não haveria graça. Sem falar nos relacionamentos, embora fisicamente diferentes, poderíamos estar com qualquer um, pois todos teriam o mesmo padrão.

Na verdade, cada um tem o seu jeito especial, porque o que muitos chamam de estranho e feio, eu chamo de diferente, além de que não existe mais o inteligente ou o burro, existem sim pessoas com atitudes diferentes. Mas até o fato de entender que as pessoas são diferentes, tudo bem, até aí seria normal e fácil de aceitar. O problema está em como respeitar essas diferenças! Como respeitar alguém que está ligado em 220W enquanto você está em 110W, ou vice-versa; como respeitar alguém que é superbagunceiro, desorganizado, enquanto o outro passa, todos os dias, o aspirador no seu quarto? É fácil? Não, não é.

Contudo, é necessário. Revendo alguns artigos de um psicólogo conhecido, pude perceber uma síntese especial sobre essa problemática. Imagine uma equipe de futebol composta somente de goleiros, o que se pode fazer? Absolutamente, nada!

Tenho visto uma imensa dor entre as pessoas por causa dessas diferenças – seja entre adolescentes e pais, casados ou namorados. A pessoa não consegue entender, por exemplo, que o fato do seu pai expressar o seu amor de uma forma fechada e inibida não significa que ele não o ame, mas apenas que ele possui um jeito diferente de se expressar, diferença esta que, muitas vezes, se baseia no jeito que ele aprendeu a lidar com determinadas situações.

Quando chegamos ao ponto de entender as diferenças, começamos a obter um senso de comunicação melhor e, em vez de criticar, começamos a usar essas características de uma maneira melhor. A crítica, por si só, apenas afasta o outro, mas mostrar às pessoas que precisamos ser mais equilibrados no ajuste dos nossos comportamentos também é eficaz, senão, de certa maneira, seremos coniventes com tudo. Aceitar é um fato, ou seja, entender, mas contribuir para harmonizar também é um aspecto importante.

Tenho dois filhos, um a 220W e o outro a 110W. No meu caso, em vez de criticar os seus comportamentos, acho importante participar com um diálogo a respeito de um aprender com o outro, isto é, o 220W pode tentar ser um pouco menos agitado e o 110W pode ser um pouco mais dinâmico.

Se isso funciona? Não tenho dúvidas, porque é aí que o Universo começa a ter o seu equilíbrio. Este diálogo funcionou bem quando dei um exemplo simples a ele e, por isso, passei a dar a todos os meus pacientes, com características de hiperatividade, ansiedade ou preguiça. Tocar a vida é importante – tocar não no sentido de apenas ir levando, mas no sentido literal, o de tocar um instrumento – e, por isso, peço que se imaginem tocando um violão: o agitado, ansioso, é aquele que regula as cordas de uma maneira tensa, firme, esticada demais. Imagine o que acontece no primeiro toque? Lá se vai a primeira corda, quebra-se, o que é bem costumeiro. Neste caso, o entusiasmo cresce sem controle e atinge o patamar de desequilíbrio, transformando-se em ansiedade. Já o que é mais calmo relaxa tanto a corda que o som acaba saindo de uma maneira frouxa, totalmente inaudível, porém, com corda frouxa, também não dá para fazer música.

Então, qual a solução? Aprender com os opostos. Esta aí a grande importância de observar as diferenças e não recriminá-las, mas aceitá-las como algo natural, como fases da vida, como algo que, com o tempo, pode ser ajustado com a observação atenta do ciclo da vida. Portanto, valorizar as diferenças no mundo de hoje é fundamental, mas compreender o seu papel de harmonizador também é importante.

Perceba a riqueza das diferenças que estão ao seu redor e pense que é necessário aprender muito com o outro e não se esqueça de que, também, o outro pode aprender muito com você.

Por que uma decepção pode causar mais decepções?

A decepção, geralmente, tem o poder de causar novas decepções quando culpamos o outro lado. O relacionamento envolve duas pessoas: uma e outra se relacionam por meio da comunicação, da tolerância, do amor, do companheirismo, da paixão, do diálogo e de muitas outras coisas. Sempre projetamos no outro os nossos desejos e objetivos, mas nem sempre as coisas fluem como imaginávamos e tudo vai por água abaixo. Temos, então, decepções. O relacionamento é terminado e culpamos o outro por nos fazer infeliz e, mais, por não ter sido fiel às nossas expectativas: neste momento a decepção se instala.

Culpar o outro e depois a si mesma(o) é algo que acontece naturalmente, e, para as coisas piorarem, a mágoa e a tristeza nos invadem, o que permite que a solidão tome conta das nossas ações, ou seja, queremos nos separar do mundo.

Mas como novas decepções surgem? Geralmente, para esquecer os acontecimentos e preencher o vazio que ficou, colocamos um band-aid na ferida, sem ao menos limpá-la ou colocar merthiolate, ou seja, simplesmente queremos uma proteção. Neste momento, as coisas se complicam, porque vamos atrás de um novo relacionamento, em geral, igual ou pior que o anterior. Você vai me perguntar: mas por quê?

Porque não trabalhamos as nossas emoções, estamos travados, bloqueados e queremos alguém não por amor, mas por preencher o vazio que a dor promoveu. Não tivemos tempo de trabalhar as nossas dificuldades, os hábitos negativos que geraram o rompimento. Como disse no começo deste item, relacionamento envolve duas pessoas: 50% de cada um está imerso na relação, ou seja, eu erro, mas o outro erra. O hábito negativo de ambos proporcionou o desacordo, o qual simplesmente não sumiu depois que tudo terminou, pois você continua carregando-o com você: pode ser ciúme, dominação, insegurança, falta de diálogo, objetivos diferentes, isto é, sentimentos e atitudes que tornarão a acontecer, criando mais e mais decepções.

Na prática, é o que mais tenho observado: pessoas que saem de um relacionamento e, em poucos meses, já estão com outra pessoa, cometendo os mesmos erros, diante dos mesmos problemas e se entregando a novas desilusões.

Cheguei a chamar a atenção para alguns dos meus pacientes sobre esse mecanismo e eles me disseram que se relacionar faz que se esqueçam da dor e da tristeza do último relacionamento. Mas, na verdade, eles estão lá sentados comigo pelos mesmos motivos da relação anterior, ou seja, nada mais é que um *replay* de fatos, com os mesmos problemas, dúvidas e desilusões.

Então, uma dica primordial é que após uma desilusão, não se esqueça do seu ferimento, pois, ao esquecê-lo, ele infeccionará e a situação poderá piorar. A primeira coisa a fazer é chorar. Você vai pensar em reter o choro, mas ele é natural, já que a dor faz isso com a gente, é quase que instintivo. Não se prenda! Quando você era criança, o que fazia quando levava um tombo? Apenas chorava.

O segundo passo é lavar o ferimento, ou seja, liberar as emoções, conversar com pessoas maduras sobre o que aconteceu, não lamentar-se, mas sim trocar idéias e emoções saudáveis, novos planos e caminhos.

E o terceiro passo é aplicar aquele merthiolate, que é o mais difícil de tudo, pois, muitas vezes, até arde demais. É tentar entender o que ocorreu, não procurar erros no outro ou em você, mas encarar as coisas que não funcionaram bem, os desgastes, as causas e origens.

Depois, o próximo passo é tapar a ferida com uma gaze ou um band-aid. É a proteção, ou seja, muita calma e paciência, pois o tempo e os anticorpos dentro de você, que são os seus pensamentos positivos, vão curá-la. Para tudo isso, é necessário dar um tempo e ir aos poucos trabalhando coisas que você deixou de fazer, coisas que eram importantes e você renunciou.

É claro que você vai pensar muito sobre tudo, o que é normal e até saudável se não for constante, mas com o tempo você vai se curando. Para isso, ouvir um CD de mentalização ajuda e muito, pois acalma o seu espírito e lhe dá forças para vencer. Porém, não se esqueça de trocar sempre o seu curativo e, se a ferida for grande, é necessário um antibiótico, ou seja, fazer uma terapia que a ajudará de uma forma extraordinária.

Depois de um tempo, aí sim, você está fortalecida e preparada para seguir adiante, preparada para ter novos relacionamentos, sem cair em armadilhas. Agora, a sua sintonia está melhor, a auto-estima mais elevada e você pode realmente desfrutar daquilo que quer.

Essas dicas de primeiros socorros são fundamentais nesses casos de feridas e dores. Esperamos que elas possam ser um analgésico para a sua dor, afinal, todos nós caímos uma vez ou outra. O importante é saber se curar.

Entendendo as diferenças entre homens e mulheres

Como já dissemos aqui, as diferenças de comportamento entre homens e mulheres são enormes: homens pensam de um jeito, mulheres de outro, afirmação esta comprovada cientificamente.

Homens e mulheres têm diferentes tipos de atividades em determinadas áreas cerebrais, por exemplo, homens têm hormônios que as mulheres não possuem e vice-versa, ou seja, fisiologicamente, fisicamente, bioquimicamente e geneticamente são diferentes.

Então, como seres tão diferentes podem ter um relacionamento saudável? Este é um dos maiores desafios da humanidade.

Mas, calma, para tudo existe um jeito especial.

A maioria dos homens e das mulheres somente aprende isso com o tempo.

Geralmente, quando a mulher tem um problema, ela quer desabafar, falar sobre o ocorrido, expor detalhes, ou seja, as suas emoções estão à flor da pele e necessitam ser validadas e ouvidas; porém, em contrapartida, vem o homem com a sua mente lógica, querendo calcular perdas e ganhos e colocar soluções práticas, imediatas que, por mais que sejam coerentes, não são desejadas pelas mulheres – o que ainda não foi percebido pelo homem –, já que elas querem algo mais simples, apenas querem ser ouvidas, mais nada.

Ser ouvida é como um exercício de compreensão e carinho, validação e amor. Assim como para o homem não ser criticado é essencial, para a mulher ser ouvida também é essencial. Contudo, nós, homens, ainda não entendemos isso e é neste momento que as coisas se complicam.

Pois aí vai uma dica essencial para os homens: escutem mais e não revelem decisões e soluções, porque elas já possuem tudo sob controle.

O outro detalhe para ter um relacionamento saudável é ir, aos poucos, entendendo um ao outro. O homem é um ser extremamente visual e no sexo não é diferente: ele é do tipo que vai direto ao ato, sem preliminares ou coisa do gênero. É claro que, com o tempo, ele amadurece e percebe que a mulher não gosta disso e que o ato de amor não é tão mecânico, mas sim um ato mágico que deve ser vinculado às emoções, sensações e ao amor.

Já a mulher possui uma característica cinestésica que é a necessidade de toque, de contato, de estímulo, enquanto o homem precisa apenas de uma roupa maravilhosa e de uma posição estimulante. Estas diferenças, com o tempo, desgastam o relacionamento, sendo então fundamental saber o que cada um gosta e dar valor para essas pequenas coisas que geram grande resultados.

Portanto, a dica para os homens é: ao fazer amor com a sua parceira, não se esqueça do toque essencial, pois isso fará toda a diferença. E para as mulheres: o homem detesta mesmice, já que ele é visual, quer sempre algo diferente, ou seja, ser criativa é uma saída íntima e pessoal.

Aprendendo essas pequenas dicas, podemos fazer grandes avanços no campo do companheirismo, da cumplicidade e do amor. Quer uma outra dica importante? Ponha tudo isso em prática e transforme o seu relacionamento.

A base do amor é encher o seu pote para depois compartilhar

Primeiro, encha o seu pote (de amor), depois compartilhe, pois o que você atrairá em um pote vazio? Certamente, uma outra pessoa de pote vazio.

É aí que as coisas se complicam, por isso encha o seu pote.

A primeira parte da sabedoria para se conhecer consiste na idéia de que tudo começa por você, portanto, se você quer amar alguém, o amor deve começar por você. Pense comigo: para dar algo a alguém, é necessário ter este algo, isto é, precisa ter o que dar, caso contrário estará também pedindo por aí. Saiba que a maioria das pessoas está pedindo esmolas por aí e, para conseguir observar isso, basta olhar ao seu redor e perceber quantas e quantas pessoas com grande carência afetiva existem no mundo. Existe uma carência incrível de afetividade, fraternidade e amor no nosso mundo, ocasionada simplesmente por não termos o que dar. Agora imagine: se alguém chega com sede e lhe pede água, porém, ao olhar para o seu pote, percebe que não tem nada, o que você faz? Vai reclamar, brigar, ficar chateado, culpar alguém, se sentir um mendigo. Para que você comece a ter esta "água", é fundamental que você se ame e comece por cuidar bem de si mesmo, pois somente desta forma, cuidando-se bem, o seu pote de água estará cheio e as pessoas chegarão até você, possibilitando que você compartilhe a sua água.

Nesse momento, você ensinará as pessoas como ter água nos seus potes e, assim, compartilhará essa sabedoria. Por isso, é preciso pensar em você primeiro e, apenas depois, colocar o outro em primeiro lugar. Muitas pessoas pensam mais nos seus filhos, esposo(a) e familiares, e, no final, percebem que nunca cuidaram de si mesmas, transferindo, por fim, essa dor aos que estão ao seu redor.

Apenas mude a seqüência das coisas: pense em você, depois nos seus filhos, esposa(o) e familiares.

Então, aí vai o primeiro segredo – simples, muito prático e poderoso: comece por entender que você precisa cuidar de você, pois este é o segredo do auto-amor.

Muitas pessoas comentam comigo se isso não pode ser confundido com egoísmo. Bem, egoísmo é quando você decide cuidar bem de você exclusivamente, sem pensar em mais ninguém, sem doar a mais ninguém, ou seja, o amor começa em você e termina em você, aí sim é egoísmo. É como encher o pote de água e não querer compartilhá-lo com mais ninguém: isso sim é egoísmo.

A verdade sobre o amor é que ele tem de começar por você e jamais deve terminar em qualquer outra pessoa. Assim, você aprenderá a cuidar bem de si mesma e dos outros, modificando apenas a ordem das prioridades.

Perceba que cuidar do *eu* é muito importante, pois, afinal, você é uma pessoa especial, você é única no que faz, no que *é*: você é um verdadeiro milagre de Deus. A vida é um milagre de Deus e você é a sua vida.

Entendendo por que os homens se distanciam no relacionamento

Como já temos dito aqui, um dos grandes desafios enfrentados atualmente pelos seres humanos é justamente o relacionamento. Embora estejamos rodeados por tanta tecnologia, a problemática de se relacionar ainda é perceptivelmente avassaladora, tanto que doenças psicológicas, como depressão e síndrome do pânico, ganham a cada ano pontos e pontos na estatística mundial das enfermidades psicológicas.

Para melhorar os nossos relacionamentos, precisamos, certamente, nos conhecer e livrar-nos de hábitos negativos e, obviamente, conhecer a natureza da pessoa com quem nos relacionamos.

O homem e a mulher são seres totalmente diferentes, repetimos, física e psicologicamente. É tanto que é cientificamente comprovado que o homem, em relação ao macaco, possui 3% de diferença enquanto as diferenças do homem com a mulher chegam à casa dos 6%. Imaginem, então, as diferenças de ordem psicológica: o homem com a sua lógica e a mulher com a sua abordagem emocional. A comunicação entre esses dois seres tão diferentes certamente será difícil.

Para compreendermos melhor a natureza masculina, citarei um entre dezenas de comportamentos, o qual, em particular, faz que o homem definitivamente se distancie da sua parceira. Como funciona?

O comportamento masculino é interessante. O homem precisa de admiração e, se você não der isso a ele, pode ter certeza de que tudo ficará mais difícil. Perceba que o homem adora ser comparado aos deuses mitológicos: é um processo de auto-afirmação, ele necessita do elogio.

Se, em vez disso, você o critica, é certo que ele vai se distanciar de você, já que a crítica para o homem é como um veneno. Como o homem é primitivo, fecha-se e distancia-se e, depois de um tempo, você perceberá que ele está se afastando mais e mais, lentamente. É quando, então, você começará a puxá-lo, com um puxar elástico: ele pode vir, mas haverá um momento em que se distanciará novamente.

Pode parecer estranho, mas esta é a anatomia do homem quando é criticado e, geralmente, esta crítica aparece quando você quer mudar alguma coisa nele: se ele perceber, de leve, que você quer mudá-lo, aí, realmente, você perdeu o seu homem, pois simplesmente o homem odeia que a sua amada queira mudá-lo. Afinal, para o homem, mudança significa que ele não está sendo o melhor que pode e isso é o fim para ele.

Então, se você quer que o seu relacionamento dê certo, algumas dicas fundamentais são:

- *Primeiro*: não queira mudar o seu parceiro, pois, afinal, ninguém muda ninguém e, se você precisa de atenção e compreensão, existem outras estratégias que realmente funcionam;
- *Segundo*: não o critique, porém, se o fizer, saiba que o distanciamento será inevitável. Para tudo há maneiras especiais de atingir, basta aprender.

Conhecer o seu parceiro é fundamental para ter um relacionamento saudável. Há algumas situações criminosas em relação ao distanciamento: uma delas, por exemplo, é não dar palpite quando ele estiver super perdido no trânsito, ou seja, você pode deixá-lo andar em círculos e não querer perguntar a ninguém qual é o caminho correto, mas, se você interferir, pode ter certeza de que serão pontos negativos para você.

Em determinadas situações, a renúncia também é um caminho de equilíbrio. Ao final, sabemos que todo relacionamento é um desafio, é difícil e complicado, mas quando sabemos nos comunicar eficientemente, tenha certeza de que tudo fluirá melhor.

Amor de plástico

O que é o amor? Poetas, religiosos, filósofos, psicólogos, muitos tentam definir o que é o amor, porém, é muito superficial toda essa descrição se não o sentirmos, ou seja, é muito superficial se um dia não chorarmos por este amor, vivenciando-o de maneira real.

Confundimos muito amor com paixão, mas disso não adianta falar, pois apenas com o tempo descobre-se a diferença. Atualmente, o amor vem embalado, pronto, hermeticamente fechado, preparado para uso e, depois, descartado. É muito fácil falar "eu te amo", uma vez que se tornou algo corriqueiro. Mas não foi sempre assim: antigamente era algo sagrado, algo especial, até existia um ritual que se perdeu com o tempo.

Hoje, as pessoas se conhecem em um minuto e no outro já dizem "eu te amo", motivo pelo qual há tantas decepções e tanto sofrimento nos relacionamentos. As pessoas querem nadar na superfície, não querem mergulhar na profundidade, pois na superfície existe algo que todos podem ter e querem: o sexo, inclusive de maneira rápida e fácil, sem se comprometer.

Nas profundezas, temos a pérola, que está bem guardada dentro da concha: uma preciosidade que você tem de ter valor para poder alcançá-la, precisa ser especial, verdadeira, libertadora e estar comprometida com essa busca.

É por isso que nos enchemos de esperanças de um relacionamento maravilhoso, já que temos a pérola dentro de nós. No entanto, existem pessoas que querem algo plástico, rápido, superficial e totalmente vazio.

Eu pergunto a você: não é maravilhoso receber flores? O que você gosta nelas: a textura, a cor, o perfume, a beleza? Sim, tudo isso, mas e se eu lhe der uma flor de plástico, o que você vai sentir? As pessoas querem a flor de plástico, porque é mais cômodo, sabe por quê? A flor real, para durar, necessita de água e cuidados, como cortar a ponta do caule de vez em quando e deixá-la em lugar fresco ou borrifá-la com água. Podemos comparar isso com os cuidados essenciais que temos de ter com o amor, tais como o companheirismo, a paciência, a tolerância e as renúncias, detalhes que não queremos desenvolver, aprender ou realizar.

Todos os dias, estamos em busca da flor verdadeira, mas estamos nos contentando com a de plástico. O amor de plástico está cheio de dominação: começamos a querer mandar no outro, já que o plástico cria ciúme e a escravidão, além de que este material não amadurece, não tem confiança. Enquanto isso, o amor real tem diálogo, tem cumplicidade, tem um objetivo único em direção ao crescimento.

Chegou o momento de realmente você decidir o que quer na sua vida e assim despertar a sua verdadeira felicidade. O plástico é ilusão ao passo que o amor é real e somente com ele seremos felizes.

Mas entenda algo mais primordial: o amor sempre tem de começar por você, porque se começar por filhos, cônjuge e família, é possível que você tenha uma grande decepção. Apenas ao estar repleta de amor, é possível, então, amar o outro, porém, se você não se ama, isso é impossível.

O amor tem de começar por você, e não tem de acabar em ninguém especificamente, mas sim no universo em que você vive, semeia, assim como a felicidade – você não coloca a responsabilidade da sua felicidade em outra pessoa, você é que deve tê-la.

Sofrimentos e frustrações: como se libertar?

Sofrimentos, frustrações e decepções são situações difíceis para todos nós. Em geral, nunca estamos preparados para isso, ou melhor, se estivéssemos, obviamente não sofreríamos.

Sei que, desde o momento em que você começou a ler este livro, é possível que você esteja sofrendo – talvez por uma perda, uma forte decepção ou outra dificuldade do gênero, mas todas, na sua essência, estão ligadas aos relacionamentos. Em verdade, saiba que existe uma legião de pessoas que está passando por essa fase nesse momento. Afinal, somos cinco bilhões de pessoas entre fome, guerras e violência que, da mesma forma que a decepção, a frustração e/ou sofrimento, também têm o poder de dilacerar não somente o físico, mas as nossas esperanças, confianças e expectativas.

Quando abro os diversos livros de mestres que têm o poder de nos guiar em uma viagem mais segura, percebo que segurança é algo que não existe: o mundo é impermanente, tudo muda, verdade esta a qual ainda não conseguimos nos acostumar. Mesmo assim os mestres dizem para abandonar os nossos desejos mundanos, o nosso ego e a nossa expectativa – algo muito difícil de fazer, pois muitas vezes isso foge até da nossa realidade. Então, como se libertar da dor?

Acredito que o primeiro passo a ser dado na direção da liberdade é sentir a dor em sua mais profunda essência, mas não se casar com ela: tenha-a como um rápido namoro, em que você possa apenas entendê-la, mas não amá-la. Não sei exatamente o que está acontecendo com você agora, mas o certo é você chorar. Se você disser que já fez muito isso, então, agora é tempo de se libertar, de voar, de se divorciar da dor com que talvez você tenha se casado. Uma segunda solução que proponho, que não é mágica, mas é como passar as mãos na testa e estar curado. Sempre digo que sofrimento é como plantar mandioca: você abre um buraco na terra, planta a mandioca e, depois de algumas semanas, a colhe. Mas com uma ressalva: plantar é a coisa mais fácil do mundo enquanto a coisa mais difícil é colher a mandioca, já que as raízes são imensas e ganham proporções enormes, portanto, não é fácil.

Assim é a dor: senti-la é algo, plantá-la só fará que você a deixe no seu ser enraizada, raízes estas que se tornarão secas e duras, serão o ressentimento e a mágoa. Mas o segundo passo não veio a mim olhando os meus pacientes e o seu sofrimento: veio de uma palestra de um colega que falava sobre ginástica (isso mesmo, ginástica!).

Na sua explanação, ele falava sobre como adoramos comprar esteira, bicicleta, "Abswing" e outras coisas mais, e depois de dois meses deixamos tudo de lado, não temos disciplina. Foi nesse momento que percebi que para o sofrimento dar uma pausa na nossa vida precisamos de duas coisas: distração e estímulo. É como andar na esteira, sem água, sem música ou uma televisão na frente – tudo se torna um sofrimento. Precisamos nos distrair e isso me levou a observar que, para escapar do sofrimento, precisamos sair do foco. Como?

Bem, esta é uma resposta particular. Acredito que, nesses momentos, quando já experimentamos a dor e queremos nos desvencilhar dela, o ideal é procurar coisas novas, mudar o ritmo, pessoas, as idéias, os ideais, mudar o foco. São estímulos que criam novas oportunidades, realinham a auto-estima e mudam definitivamente muitos dos nossos comportamentos. Quer uma dica? Num final de semana, vá à praia com algumas pessoas, pode até mesmo ir e voltar no mesmo dia, ou então faça um acampamento, assista a um filme com alguém, vá a um lugar diferente onde nunca foi.

Sabe aquela aula de dança que você sempre quis fazer e nunca fez? Aí está, chegou a hora. Seja voluntário em algum lugar, qualquer coisa que o afaste da mesmice do dia-a-dia. Você verá, definitivamente, como essas atitudes a farão se libertar, pode apostar nisso, mas lembre-se: antes aposte em você!!!

Sucesso na mudança da sua vida, afinal, você merece!

Alma gêmea - a procura sem fim...

Nos meus atendimentos, o que mais ouço falar, quando os problemas são de relacionamento, é a expressão "alma gêmea", que sempre vem junto de palavras como "azar", "destino" e um monte de conceitos absurdos que somente levam as pessoas ao negativismo, à acomodação, à tristeza, à mágoa e a muitos outros distúrbios comportamentais.

Alma gêmea é algo que não existe, mas é muito poético e reconfortante pensar que exista: é a força do mito nas nossas vidas, assim como a mulher que se imagina casando, vestindo aquele majestoso vestido branco, com o príncipe encantado que chega no seu cavalo branco com aquele sorriso maravilhoso. No entanto, tudo não passa de ilusão. Você já ouviu alguém dizer que o príncipe e a Branca de Neve se casaram? Este "viveram felizes para sempre" é algo incrivelmente lindo e que transmite segurança, mas que, na prática, na vida real, não é bem o que ocorre, e o sintoma mais grave desse conceito é que ele permite que não saibamos trabalhar com as nossas decepções.

A expressão "alma gêmea" insinua que existe na vida apenas uma única pessoa que vai se encaixar com você, mas no mundo todo existem cinco bilhões de pessoas, não é estranho isso?

Uma das minhas clientes ficou horrorizada quando lhe falei sobre alma gêmea, principalmente porque afirmei que o seu último, entre as dezenas de outros relacionamentos que ocorreram, não era a sua alma gêmea. Ela me disse que somente ele a faria feliz e eu lhe perguntei: e as outras cinco bilhões de pessoas?

Naquele momento, ela percebeu que se iludia sempre com os seus relacionamentos esperando que fossem perfeitos e que cada um fosse a sua cara-metade. Isso não passava de uma desculpa para aliviar a dor e, muitas vezes, ela mesma se sabotava dizendo que aquela tal pessoa não era para ela, não era a sua alma gêmea. Portanto, ela se diminuía, fugia e parecia estar sempre se bloqueando emocionalmente, não permitindo que outras pessoas chegassem perto dela. A busca pela alma gêmea havia se tornado uma obsessão e, quando ela acreditava ter encontrado, mais e mais decepção e sofrimento.

Mas, se era a alma gêmea, porque esta pessoa não a completou? A única resposta que ela tinha em mãos é que tinha se enganado.

Após algumas sessões incorporando a nova perspectiva de que realmente alma gêmea não existe, que as pessoas devem ser aceitas pelo que são e fazer as escolhas certas são da nossa inteira responsabilidade, após um período de auto-entendimento, ela encontrou um parceiro ideal.

O que era um parceiro ideal?

Bem, agora mais amadurecida, ela percebeu que um parceiro ideal era uma pessoa que tinha sintonia com ela, isto é, que não obrigatoriamente gostava das mesmas coisas, mas que podiam compartilhar coisas diferentes, que respeitavam limites, que eram pessoas cúmplices, que havia paixão e amor nos seus relacionamentos, que existia uma liberdade em ser o que eram e cada um aceitar os seus comportamentos e aprenderem juntos a melhorar e a crescer, sem ilusões.

Ela me disse as seguintes palavras: "Dei um tempo para amadurecer, parei de buscar e parece que quando cessa a busca as coisas começam a acontecer. Ele, para mim, é mais do que a alma gêmea que tanto procurava – é uma pessoa com quem posso compartilhar tristezas e alegrias, que posso sempre me abrir, além de termos os mesmos objetivos –, porque nos entendemos e fazemos de tudo para ser felizes, sem querer mudar um ao outro. Conheço as suas qualidades mas sei quais são os seus defeitos, algo que eu nunca encontrava nos outros relacionamentos, pois queria tudo perfeito".

A chave primordial para fazer mudar esse tipo de pensamento era evidenciar que toda essa parafernália de destino, azar, sorte e alma gêmea não existe, pois somos nós que fazemos o nosso *hoje*, o nosso *agora* se estivermos conscientes, ou seja, não precisamos de sorte ou azar para nos consolarmos ou para jogarmos a responsabilidade das nossas atitudes em pessoas, coisas ou palavras; não precisamos de alma gêmea para ficar buscando e acumulando decepções; precisamos sim ter a mente e as emoções equilibradas, saudáveis, aproveitar as experiências que a vida nos propõe e seguir adiante crescendo.

Essa minha cliente hoje está com a sua pessoa especial. Algumas vezes, ela me liga e comenta sobre as suas desavenças, brigas, renúncias, mas isso faz parte do amor, ou seja, não é uma conquista de espaço, mas sim uma experiência desafiadora e enriquecedora de pessoas que querem bem uma a outra.

E você, acredita em alma gêmea?

Bem, eu sempre digo que isso é coisa de novela, pois a vida é mais real que isso.

Retire da sua mente os seguintes conceitos e expressões e viva uma vida emocional melhor:

- *Preciso do outro, sozinho não posso;*
- *Já não há homens ou mulheres como antes;*
- *Esperar o príncipe encantado de cabelos de ouro;*
- *O amor é complicado e só serve para sofrer;*
- *As pessoas, agora, não são como devem ser;*
- *Nesta idade não é fácil sentir amor;*
- *Sozinha(o) estou melhor.*

Chega de se esconder na concha: um relacionamento implica riscos, entrega, compromisso e responsabilidade. Pense bem: se você aceitar essa opção, a de amar, você se projetará de uma forma maravilhosa no mundo.

Transformação exterior...

A maioria das pessoas, realmente, pensa que a transformação tem de começar por dentro, o que pode parecer extremamente convincente, mas para nós, ocidentais, isso é muito difícil. Por experiência própria, posso dizer que a transformação começa pela parte externa: isso mesmo, por fora!

Lembro-me de uma vez em que uma cliente chegou para ser atendida. Naquele dia, ela estava chorando muito e a primeira impressão que temos sobre o choro pode ser negativa, mas não é. Percebi que a cliente tinha sofrido o que chamamos desilusão amorosa que, no popular, é "perdeu o namorado". Ela disse que muitas pessoas aconselharam-na a seguir em frente e a parar de chorar. Então, disse a ela que fosse para casa e pegasse todas as coisas maravilhosas que tinha ganhado do antigo namorado – o antigo foi proposital, apenas para mostrar-lhe que o namoro havia terminado há três anos atrás, imagine! Isso é normal!

Bem, pedi que ela pegasse tudo e curtisse tudo o que ele deu durante uma semana: as cartas, os CDs, os ursinhos de pelúcia... que ouvisse as músicas e chorasse por uma semana, não mais que isso. Então, em seguida, ela deveria descartar tudo. Foi assim que começou o processo de transformação. Ela demorou três meses para retornar ao meu consultório e disse-me que foi a coisa mais difícil da sua vida.

Quando chegou, perguntei se realmente havia jogado o passado fora, mas ela olhou para mim com aquele olhar de que ainda faltava algo, o que percebi prontamente.

Sem pestanejar, pedi que abrisse a bolsa (seria fatal, eu sabia) e que abrisse a carteira. O seu olhar de admirada e envergonhada começou a crescer... pedi que ela, finalmente, mostrasse o que guardava, e lá estava: ela guardava a foto do ex, o ex que estava carregando há três anos, na carteira e na mente, nas emoções. Pedi então que se livrasse da foto e, realmente, nesse dia, ela decididamente começou a sair da toca interior e a mudar, pois já não havia mais estímulos externos que a impulsionavam a voltar ao passado. Agora, realmente, estava tudo lá dentro. Foi assim que começou a nossa segunda fase: trabalhar o interior.

Por isso, as verdadeiras transformações começam exatamente por fora. Se você está passando por algo parecido, livre-se daquelas coisas que a fará retornar ao passado e busque colocar novos elementos na sua vida. Mas não se esqueça: seja honesta consigo mesma, não guarde na carteira aquilo que pode atrapalhar o começo de uma nova vida.

Geralmente, aconselho as pessoas a doarem coisas que há muito tempo não são utilizadas: livros, CDs, roupas, aparelhos quebrados etc., ou seja, coisas que somente estão ali para atrapalhar a vida do *novo*. No início deste livro, comentei sobre a forma de se desapegar das coisas, pois isso gera uma energia positiva que, sem dúvida, age diretamente sobre o seu poder de realizar novas conquistas.

Quando é preciso chorar...
Quando é preciso parar...
Quando é preciso seguir...

Às vezes, recebo alguns e-mails que me questionam a respeito de como eu oriento algumas pessoas em relação aos seus problemas de relacionamentos. Alguns dizem:

"Paulo, eu não entendo, tem momentos que você diz para a pessoa chorar e chorar, tudo o que puder; para outras você diz para seguir adiante, buscar força, e para outras ainda você diz para não fazer nada... Afinal, qual a resposta definitiva para quem tem problemas de relacionamento?".

Todos nós gostaríamos de entrar na farmácia e pedir ao atendente um remédio para esquecer o passado, a dor ou o ressentimento, mas o fato é que não existe este comprimido. E as pessoas se esquecem que, além de não existir esse comprimido, não existem regras, nem métodos fixos ou únicos para cicatrizar feridas emocionais, pois somos indivíduos, somos pessoas diferentes, ou seja, o que serve para um talvez não sirva para outro.

Para algumas pessoas, chorar é fundamental para se desbloquearem, para deixarem ir, enquanto há outras que precisam ser empurradas, ou seja, nada de ficar repisando a dor. Outros, ainda, que não devem fazer absolutamente nada, apenas esperar e com essa situação aprender que é preciso mudar.

Sendo assim, não existe padrão, existem pessoas que agem e reagem de maneiras diferentes, afinal, emoções não são como dor de cabeça ou febre que basta tomar um comprimido e depois de minutos você está bem.

A seguir, descrevo alguns casos exemplificativos, observe...

Cláudia chegou amargurada, havia acabado um relacionamento há três anos, mas ainda estava ligada emocionalmente àquela pessoa, mesmo ele já tendo se casado.

Começamos, então, a tentar eliminar tudo que causava sintonia com a relação passada e iniciamos uma faxina, física e emocional. Não adiantava eu dizer a ela para seguir em frente, porque era extremamente necessário o desapego.

Desse modo, ela começou a jogar muitas coisas fora, porém, era necessário que, antes de ela fazer isso, sentisse cada presente, cada música, cada verso e depois fosse jogando.

Para Cláudia, isso foi fundamental. Ela limpou a sua vida e abriu uma porta para novas conquistas. Eu e ela sabemos que isso não foi fácil.

Já para Tânia isso não funcionaria: ela era uma pessoa com o mesmo problema: havia acabado de sair de um relacionamento de anos e anos, no qual ela se fixara numa imagem de coitadinha, frágil e delicada. A limpeza não ia funcionar... Foi então que eu tive de dar alguns solavancos nela, empurrando-a para frente, antes que o Universo fizesse isso de maneira dolorosa. Decidi investir na recuperação da sua auto-imagem, na fé e confiança. Foi a pílula mágica, que nesse momento funcionou, ela tinha padrões diferentes de outros clientes.

Mas, para Lurdes, eu sabia que nem limpar nem empurrar faria a diferença, pois ela estava empacada quando veio me procurar, ou seja, não ia nem para frente, nem para trás. O jeito então era fazer que ela observasse a situação: criei a técnica de não fazer absolutamente nada, não mudar nada, mas preenchê-la com a consciência de observar a sua vida.

Lurdes foi, das três, a que sofreu maior impacto da descoberta, já que ela havia se apegado à mesmice, à rotina, à morte. Porém, rapidamente percebeu que estava estática, parada, inerte e o mundo ainda girava continuamente, e, se ela ficasse esperando que o mundo parasse para que ela recolhesse os seus cacos, ficaria na espera eterna, pois isso jamais aconteceria.

Em uma sessão, ela veio até mim com uma consciência diferente, ela sabia que aquele era o seu momento, o momento da virada, de dar a volta e por cima: foi assim que ela saiu do poço da prostração.

Por isso, não existe uma regra, existe observação, inter-relacionamento, cuidado, entendimento... Eis a fórmula que pode transformar, não procure pelo antídoto sem saber ao certo o que fazer.

A febre pode ser baixada com um simples antitérmico, mas talvez você esteja neutralizando a defesa natural do organismo na produção essencial dos anticorpos e, assim, bloqueando a cura.

Lembre-se: cada um de nós sente as situações de maneiras diferentes!

Não se machuque mais – brilhe!

Geralmente, quando as coisas não dão certo no nosso relacionamento, quando não conseguimos ser ouvidos, quando o rumo vai a uma direção contrária, passamos a agredir o outro, não com palavras, mas com sentimentos desesperadores.

Ana, uma jovem de 23 anos, chegou e me disse que havia rompido com o seu namorado. Para ela, na verdade, o tempo de relacionamento era pouco, mas o conteúdo emocional parecia milenar.

O mais interessante é que esse rompimento foi gradativo, como as coisas não iam acontecendo do jeito que ela imaginava, ela começou a ficar indignada, começou a perceber certo ar de indiferença, o que teve um impacto profundo na sua vida.

Todos os dias ela chorava e não acreditava que algo tão majestoso poderia simplesmente esvair-se, ou seja, havia uma resistência muito profunda em aceitar, resistência esta aliada à decepção e à indiferença que foram decisivas para que ela se tornasse agressiva.

Ela então começou a se fechar cada vez mais e rompeu definitivamente com ele e consigo mesma.

Passaram-se anos e anos... ela, numa postura distante de tudo, das próprias emoções e necessidades. Havia mudado completamente os seus hábitos emocionais: não ria, não chorava, havia um vazio e uma saudade imensa na qual ela relutava em sentir.

Agora, no meu consultório, Ana acabara de chorar... Após anos e anos de reclusão emocional, o sofrimento veio à tona quando cada palavra, cada passo que demos em direção ao passado foi chegando perto da sua ferida.

Esta era a primeira sessão de muitas outras das quais tivemos, mas aquele dia foi diferente.

A dor dela estava tão bem escondida, mas era muito clara, como se alguém se escondesse atrás de uma porta de vidro. Eu pude sentir o tamanho do seu desespero em se livrar de algo que havia se tornado uma sombra e sugara a sua vida, o seu brilho.

Certamente, por me identificar com aquele sofrimento, passei um final de semana péssimo, mas lembrei-me de que temos o direito de sentir... Somos profissionais, mas acima de tudo, humanos.

Lembro-me quando trabalhava no hospital, onde os médicos mal olhavam as crianças na ala de pediatria, o que para mim denotava que eles eram mais frios do que nunca.

Nas minhas tardes de sábado nos plantões, eu sempre dava uma escapada até a ala pediátrica só para dar um abraço em uma daquelas pequenas crianças.

Foi quando me surpreendi com um dos médicos mais duros: ele estava afagando uma menininha de quatro anos de idade, num gesto de amor e carinho surpreendente, até emocionante. Foi naquele momento que aprendi sobre como as aparências enganam, e como nós nos enganamos mantendo sempre uma imagem do que verdadeiramente não somos.

Ana era a caricatura de um ser sofredor e doente, mas dentro dela havia um brilho que poucos tinham a percepção de ver.

Tenho certeza de que você também tem esse brilho e peço a Deus que ele possa fazer você brilhar e se auto-encontrar. Não permita que os obstáculos da vida a tornem incapaz de doar essa luz profunda de amor e compaixão que está dentro de você. Solte-se dessas amarras e venha comigo nesse caminho pleno e belo chamado vida, entendendo que o maior mistério da vida é apenas vivê-la, nada mais.

Cada um tem o seu tempo ... de acordar!

Existe uma cartografia proposta por um eminente psicólogo que divide a humanidade em classes conforme o seu grau de evolução em relação à consciência. Em todos esses anos, pude verificar a veracidade desta divisão: ele define esta separação em algumas camadas e usa os termos "despertar" e "estado de sono".

Na verdade, a maioria dos seres humanos está em estado de sono: não aquele sono fisiológico que conhecemos, mas um sono de consciência, distante e apagado da real condição da realidade. Geralmente, pessoas em estado de sono são mais instintivas e respondem a esta realidade de uma forma mais mecânica e motora, porém, não estão acordadas para as verdades fundamentais, nem básicas, apenas estão afloradas com o sexo instintivo e dessa maneira recebem, como reação das suas atitudes precipitadas, a dor e o sofrimento.

Mais além, o autor declara que existem outras camadas até se chegar a uma consciência desperta e, posteriormente, uma consciência cósmica que, na verdade, não tem nada que ver com misticismo ou esoterismo, já que esta consciência cósmica é um desprender total da matéria em relação ao entendimento da sua essência.

Fazendo uma análise estatística, diria que a humanidade está entre 70 a 80% imersa em sono profundo, não almejando nada e apenas contente com a satisfação das suas necessidades de sobreviver.

Quando começamos a crescer, entendendo melhor como funcionam os mecanismos da vida, a nossa consciência cresce e começamos a ter uma nova percepção dos reais valores, começando então a ter sonhos diante deste sono. Talvez a próxima fase seja, além de ter sonhos, começarmos a entender o nosso papel, ou pelo menos questionarmos o porquê da nossa presença neste planeta e o nosso motivo de estar aqui. Os nossos ideais mais profundos e os nossos questionamentos levam-nos a uma busca mais evolutiva. Nesses termos, estamos vislumbrando um despertar, uma ponta no *iceberg*.

A nossa própria história de crescimento justifica essa idéia de diferenciar o ser humano por meio da consciência. Quando crianças, ainda dormimos em sono profundo, buscamos o aprendizado: falar, caminhar, beber, chorar para satisfazer as nossas necessidades. No momento em que crescemos, vamos aprendendo mais e mais, apesar de que, é claro, se olharmos para uns cinco ou dez anos atrás, veremos que tomamos atitudes totalmente impensadas, o que revela que estamos ainda crescendo. Mesmo quando adultos, continuamos a perceber erros e, quando nos damos conta de que é necessário preencher o universo de perguntas que nos bate à porta, começamos a realmente vislumbrar a nossa potencialidade e como podemos evoluir e escapar desse sono. O interessante é que cada um tem o seu momento.

Doris, uma mulher com seus 45 anos, procurou-me por problemas de relacionamento. Dizia que estava muito à frente do seu parceiro, que ele não olhava o lado espiritual, não entendia as suas emoções, não tinha o hábito de ler, não exercitava a sua religiosidade, que estava anos e anos-luz distante dele e que não mais podia seguir junto.

O interessante é que as suas necessidades eram outras, bem diferentes das dele. O mundo do seu marido era preenchido de outras maneiras: churrascos, tênis, viagens... enquanto com Doris tudo era diferente. Mas, no fundo, algo estava errado.

Doris tornou-se cobradora de um estado diferente de evolução: queria que ele subisse os degraus para alcançá-la, quando isso não era possível, pois afinal cada um tem o seu próprio momento, o momento de acordar.

Da mesma forma que um sonâmbulo, ao ser acordado no meio do seu estado, pode ter um choque, assim poderia acontecer com o seu parceiro.

Ela, então, em vez de crescer em sabedoria, não entendia que todos nós temos o nosso momento e que é necessário respeitar esse mecanismo. Ela estava fazendo o oposto e isso diminuía, em muito, a sua jornada de crescimento, pois, afinal, despertar significa também colocar em prática os valores espirituais: entendimento e paciência.

Não foi fácil fazer Doris entender, mas com o tempo ela começou a perceber que seria melhor estender a mão para quem se ama do que se afastar definitivamente.

A presunção, a vaidade e o orgulho são males que nos flagelam a alma quando perdemos de vista a compreensão e o entendimento. Olhar para trás, e assim resgatar os entes que amamos, é uma maneira mais saudável do que simplesmente caminharmos para frente com egoísmo e tristeza.

Muitas pessoas escrevem-me e dizem que os seus companheiros(as) não querem seguir em frente. Sempre digo que a melhor maneira para evoluir é não nos distanciarmos do nosso mais profundo princípio: o amor. Amor não pode ter uma boa dose de egoísmo, mas sim uma boa dose de compreensão.

Peço a você que acorde! A vida é mais real do que parece... a vida não é somente sexo, dinheiro, carro e casa: ela vai mais além do que esse processo de propriedade, caminhando para uma direção inexplicavelmente maravilhosa, isto é, para dentro de nós.

A jornada, quando feita de olhos realmente abertos, é incrivelmente bela, cheia de espetáculos incríveis, mas quando estamos adormecidos e distantes dos nossos ideais torna-se sofrimento. O reflexo dessas verdades está baseado na constância do seu sofrimento: quanto mais acordados, menos sofrimento, pois entendemos integralmente o nosso papel no universo; quanto mais sonolentos e adormecidos, mais dor é inferida no nosso sofrimento, mais desespero e precipitação.

Não se esqueça, coloque em prática o fundamento especial da nossa existência, pois, afinal, só o amor é real!

Conheça outros títulos da editora

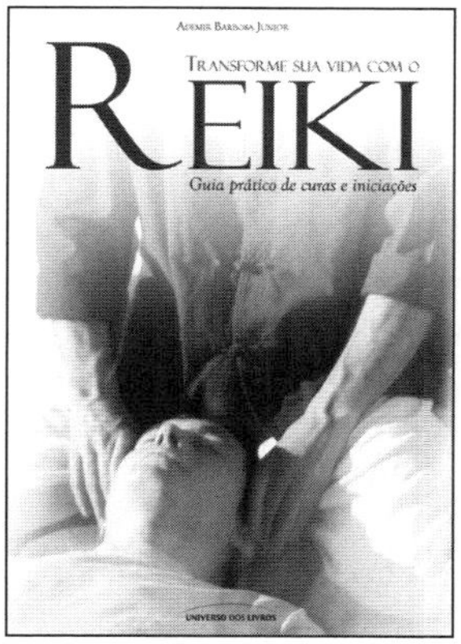

Transforme sua vida com o Reiki

Reiki quer dizer Energia Vital Universal. Trata-se de um processo natural de cura de origem tibetana baseado na física quântica, visando ao equilíbrio energético por meio da imposição das mãos. Quando aplicado, vitaliza o sistema orgânico e nos faz entrar em estado de profundo relaxamento.

Tal energia irradia sensações de bem-estar, nos elevando a um estado de harmonia. Dessa maneira, o Reiki ajuda o organismo a restabelecer seu funcionamento, ativando glândulas revitalizando o sistema nervoso e reativando o sistema imunológico. O Reiki é dividido em níveis I (O despertar), II (A transformação), III (A realização) e III-B ou Mestrado.

Neste livro você terá contato com cada um desses níveis e as técnicas necessárias para tornar-se seu praticante, conhecendo suas infinitas possibilidades, potencialidades e, desta maneira, desenvolvendo uma nova consciência de si mesmo.

Desmistificando a Síndrome do Pânico, depressão e principais fobias

Segundo dados preliminares de um levantamento da World Mental Health Survey, coordenado pela Organização Mundial da Saúde, parcelas variáveis de 4,3% a 26% da população dos 14 países já avaliados apresentam algum tipo de transtorno psiquiátrico.

Um dado mais preocupante é o de que esses transtornos estão associados a cerca de 870 mil suicídios registrados todo ano no mundo, uma média de três mortes a cada dois minutos.

Mundialmente, os Estados Unidos têm o maior número de pessoas com problemas mentais: quase 80 milhões de norte-americanos, ou 26,4% da população, apresentam algum tipo de distúrbio psiquiátrico. Os dados sobre o Brasil ainda não foram apurados, mas estudiosos estimam que os resultados devem ser próximos aos registrados nos Estados Unidos.

O grande problema é que a maioria desses transtornos não é diagnosticada, tampouco tratada, o que faz que não sejam controlados e se agravem com o tempo.

Neste livro você terá oportunidade de conhecer as principais fobias, síndromes e transtornos e, assim, terá condições de preparar-se adequadamente para evitá-los ou, caso esteja sofrendo de algum desses males, terá condições de identificá-lo e procurar tratamento adequado.

Transforme sua vida com a Numerologia

Saiba como os números podem influenciar sua vida profissional e afetiva

Os números têm significados que podem influenciar nossas vidas e nosso comportamento. Uma análise do nosso nome ou da data de nascimento pode facilmente revelar traços de nossa personalidade e indicar caminhos em que teremos mais facilidade para alcançar nossos objetivos. Não é à toa que muitos adotam nomes artísticos para modificar influências que recebiam anteriormente e trazer boas energias.

Neste livro o leitor aprenderá tudo sobre a Numerologia, que estua as influências e qualidades místicas dos números, aprendendo a fazer seu mapa numerológico para que possa saber exatamente quais as suas tendências e no que pode se destacar. Também entenderá a significação de cada número e o que eles podem representar na vida de uma pessoa, seja na área profissiona, financeira, pessoal ou afetiva.

Este livro é voltado a curiosos, estudantes e mesmo céticos, e mostra os principais procedimentos para a análise de dados como endereços, datas de nascimento e nomes, bem como a elaboração de Mapas Numerológicos Pessoais.